新装改訂版

乳幼児のことばの世界

聞くこと・話すことを育む知恵

髙橋 司

宮帯出版社

目　次

第1章　乳幼児期のことばの発達
1　ことば以前の泣き声 …………………………………………… 1
2　喃語と片言 ……………………………………………………… 3
3　泣くことからことばへ ………………………………………… 5
4　ことばをかける ………………………………………………… 6
5　2歳児のころ …………………………………………………… 9
6　3歳児のころ …………………………………………………… 11
7　4歳児のころ …………………………………………………… 14
8　5歳児のころ …………………………………………………… 17

第2章　聞き方、話し方を育む
1　12人のおとこのこの話 ………………………………………… 20
2　話とは善言の合会なり ………………………………………… 23
3　読み語り ………………………………………………………… 24
4　絵本からの劇化 ………………………………………………… 27
5　聞かせること …………………………………………………… 29
6　聞きじょうずになろう ………………………………………… 32
7　「はい」と「いいえ」 …………………………………………… 34
8　話し合いのこと ………………………………………………… 37
9　聞き方の大切さ ………………………………………………… 39
10　話の理解 ………………………………………………………… 41

第3章　気をつけたいことばの指導
1　幼児の質問に答える …………………………………………… 44
2　わかることば …………………………………………………… 47

3　幼児に意識させない……………………………………………49
　4　耳習いとは………………………………………………………52
　5　模倣する時期を大切に…………………………………………55
　6　経験を豊かに……………………………………………………58
　7　幼児のことばには原因が………………………………………60
　8　おしゃべりとことばの乱れ……………………………………63

第4章　大切にしたい幼児のことば
　1　珠玉のことばを捨てないで……………………………………66
　2　感動にこたえることば…………………………………………68
　3　じょうだんと皮肉………………………………………………71
　4　幼児には幼児のことばを………………………………………74
　5　絵もことばである………………………………………………77
　6　数の基礎を知らせる……………………………………………80
　7　詩も楽譜と同じように…………………………………………82

第5章　幼児のことばを育むあそび
　1　呼びかけ…………………………………………………………86
　2　劇あそび…………………………………………………………91
　3　ごっこ……………………………………………………………93
　4　ことばあそび……………………………………………………95

第6章　幼児のことばを育む文化財
　1　童話………………………………………………………………100
　2　人形劇……………………………………………………………110
　3　紙芝居……………………………………………………………117
　4　ペープサート……………………………………………………124
　5　パネルシアター…………………………………………………128

6　絵本 …………………………………………………… 133
　　7　テレビ ………………………………………………… 139

第7章　ことばの教育の変遷
　　1　明治から昭和まで ……………………………………… 143
　　2　平成版『幼稚園教育要領』…………………………… 147
　　3　新しい『幼稚園教育要領』…………………………… 151

参考資料
　　1　楽譜 ……………………………………………………… 156
　　2　良書リストの統合による総合良書リスト ………… 165

　あとがき …………………………………………………… 168

第1章　乳幼児期のことばの発達

1　ことば以前の泣き声

　ことば以前のものに、泣き声がある。
　赤ちゃんが、「オギャー、オギャー」と泣く。いつ泣いていても、乳房さえ口にふくませばよいと思っている人がいる。もちろん空腹だから泣いている場合もあるから、それがうまくあたると赤ちゃんはすやすや眠る場合だってあるだろう。
　しかし、そのほかの場合だったら、赤ちゃんにとって迷惑なことであるといえる。赤ちゃんが泣くのには、いろいろの理由があることに気を配らなければならない。いったい泣くのにはどのような泣き方、いわゆる泣く種類があるのだろうか。
　赤ちゃんは生まれるとすぐ泣く。しかしそれが3週間もすぎると、その泣き方は変わってくる。
　泣き声がだんだんと変化してくることに気づいてほしい。よく注意していると、そのことはすぐわかるはずである。2カ月ぐらいからの泣き声をよく聞いていると、それがどのような理由で泣いているのか、わかるようになることが大切である。
　鼻をならして泣くのは不愉快な時であるし、お腹が空いた時には、とても大きな声で泣くはずである。身体の苦痛を訴える時にはかん高い声であったり、短くするどい泣き声であったりする。それをよく判断することが大切である。
　ビューラーが調査した泣き声の種類を記してみると、
- 苦痛：いたい、かゆい、手足が不自由になっている、身体内部になにか苦痛があるとき。

第1章　乳幼児期のことばの発達

- 強い感覚的刺激：光線がまぶしいとか、耳をさすような音、爆発音、強度の寒さ、暑さなど。
- 体位感：寝ていたり、抱かれたりしたときに身体に安定性がないとき。
- 睡眠の妨害：眠いのに周囲がやかましく眠れないとき、また逆に眠っているときに起こされたときなど。
- 疲労：つかれているのが回復していないとき。
- 空腹：お腹が空いているとき。
- 行動の阻止：手足が不自由になって、きゅうくつであるとき。
- 亡失：自分がたのしくあそんでいるおもちゃなどが、手からおちて紛失したり、人から取りあげられたりしたとき。
- 恐怖：おどろいたり、びっくりしたりしたようなとき。ただし、これは8カ月ごろからである。
- 愛情の妨害：抱かれているときにほかの人が抱いたり、ほかの人に接したいのにそれを妨害されたりしたときなど。

以上の種類をあげている。

　このように泣き声には種類があるのに、泣けばお腹が空いたと乳房を口に入れたのでは、赤ちゃんにとってはまことに迷惑なことである。

　自分のことを訴えることばをもつ以前は、この泣き声がことばなのであるから、その泣き声を聞きわける努力があってしかるべきである。

　それでこの泣き声を、正しく判断してそれに対応していくと、赤ちゃんは徐々にそれを記憶に残して成長し、それからは結果を予想して泣くようになるので、この場合は泣き声がことばとしての役目を持つのである。

　赤ちゃんが成長して、ことばが完全に使えるようになるのには数年はかかる。もちろん1歳ごろから少しずつことばを使うが、その場合でもことばと一緒に泣くことが多い。

　ここでも泣き声をよく結びつけて正しい判断をしてほしい。

　若い保育者はそうしたことについての経験不足から、ことば以前のこのような泣き声には無関心になりがちであるから、よく注意してほしい。

世界の国々のことばは、みな異なっている。英語、フランス語、ドイツ語、中国語、日本語、いろいろなことばがある。しかし、英国の赤ちゃんは英語で泣いているわけでないし、中国の赤ちゃんは中国語で泣いているわけではない。また、日本の赤ちゃんは日本語で泣いているのではない。

　どの国の赤ちゃんも「オギャー、オギャー」である。国が異なれば、それぞれの国のことばで泣けばよいのにと思うが、ことば以前の訴えはまったく同じである。その点で、この泣き声は世界共通語であるといえる。この泣き声に対応できる人であってほしい。

　やがて「アーアー」とか「ブーブー」とか、まるでひとり言のように赤ちゃんが言う時がくる。まことにご機嫌のいい時で、気分がよい時である。1人で寝かせておいてもにっこり笑いながら、このような音声が出ている時は、楽しいひと時である。

　このような喃語（なんご）が出ることは、発声器官が発達してきた証拠であるといえる。喃語は文字でつづることができないものであるが、これも世界中の赤ちゃんに共通のものであろう。英語でも、日本語でも、ドイツ語でもない、まったく辞書にないことばである。ことばというより、むしろ音であろう。

　この喃語も日を追ってよく聞いていると、徐々に発達していることに気がつくが、これは泣き声に続いて発達してくる道順である。

　生後6カ月ごろから、10カ月ごろまでの時期になるが、この時の赤ちゃんの顔はとても楽しそうである。横に人がいない時のほうがよく発する。この喃語が少しずつ音声の領域を備えてくるのであるから、その時の音がことばの一つの基本に入ったとみられるのである。

2　喃語と片言

　喃語を聞いていると感心することがある。それは、徐々に国語の音に似てくることである。

　喃語を発するのは、目の前に相手がいる時より、むしろ1人でいる時のほう

が多い。しかし喃語は文字で表現できないような音声が多い。

音声というからことばではない。音声は音なのである。

音声とことばとを混同している場合がある。よく講演や、あいさつの時に、「あのー」「そのー」「えー」「あー」などといった音声を出す人がいるが、これはことばではなく音であり、発声することばにはいかなる場合にも意味があるはずである。

喃語は発声器官の調節ができたことを表すのである。

喃語の次には身振りが表れてくる。

身振りは、ことばで表現できないから動作で表すものである。大人も身振りを使うことがあるが、これは身振りを使うことによって、表現をさらに大きく、また誇張して伝える時にする。一方、赤ちゃんの身振りは、ことばのかわりであるといえる。

3歳児ぐらいでも、まだ身振りで表す幼児がいる。よく職員室の前で手をふって、

「先生、あれや、あれほしいの、あれや」

などと言いながら、手を動かして、さかんに身振りを伴って主張する幼児もいる。

このような赤ちゃんも、1年ぐらいすぎて誕生日が近づいてくると、**片言**を発するようになる。

片言というのは、赤ちゃんが発しやすい音をあつめたものであって、実にうまくことばが結合している。片言の中には擬声音が多い。

これは親近感を持つからであって「ニャンニャン」「ワンワン」「チュウチュウ」など動物に関する表現が多い。

保育者はこのような片言が発せられた時には、よく理解して対応することが望ましい。「ワンワン」と言うけれど、それは犬がきたことを表しているのか、「犬とあそびたい」という意味なのか、判断しなければならない。

この片言を **1語文** というが、大人はこれを1つの文章と思って理解すると、幼児は理解されたことに対して喜びを表すことになる。

3　泣くことからことばへ

　ことば以前の段階からことばの整う時期までを考えてみよう。
　赤ちゃんにとって口は食べるためにある。
　母親の乳房を唇と舌でしゃぶってさえいると、赤ちゃんの命は支えられる。そういうことからすると、口は食べるためのものであって、話をするためのものではないのである。だんだん成人してくると、食べるだけでなく話すという機能を持ってくる。大人になってくると、話してさえいれば食べていくことができることになる。
　口の動きは、唇と唇との接触音が最初に発達してくる。母親の乳房を口にふくんだかっこうの動きである。いわゆる唇の接触する音で母音である。ア、イ、ウ、エ、オの音である。
　その次には子音であって、M、D、Bの音が自然に現れてくる。赤ちゃんのことを「ベビー」と呼んだり、着もののことを「ベベ」と呼ぶのは、こうした子音の発達からきたものであろう。
　その次に現れてくるのは、上あごと舌との接触音である。「ダー、ダー」の音であって、舌を上あごから離した時の音である。
　そして最後には、歯と舌との関係から出る音が現れる。これはS音のことである。元来日本人はこのS音の発声がへたであるし、一番遅れて発する音であって、外国人はこのS音の発達が早いといわれている。というのも、英語の発音にはこのS音が多く、反対に日本語にはわりあいにS音が少ないかららしい。
　ところで片言の時期がすむと、**命名期**に入る。1歳半から2歳ごろまでの時期である。ものの名前を質問し、なんでも名前をつけようとする時期である。
　こうした名前をつける時期がすむと、今度はことばをむやみに並べる**羅列期**という時期に入る。言いかえると、知っているものをかたっぱしからならべていく時期であって、知っていることばを並べる。
　このような時期が終わって次によくあるのが、「早くねんねしなさい」と親が

言うと、すぐ追いうちをかけるように、「早くねんねしなさい」とことばをまねる**模倣期**に入る。「どうしてそのようなまねをするの」と言うと、おうむ返しに「どうしてそのようなまねをするの」と繰り返して言う。気の短い親なら、ひと言う時期であろう。

　このような時期がすぎると、3歳から4歳にかけてことばが一応成熟してくる。これを**成熟期**と名づけている。4歳で1600語ほどのことばが使えるようになってくる。

　このように、ことばが徐々に整ってくると、いよいよしゃべりたくなってくる。

　「あのね、いい子だからしばらくだまっていてくれない？」

　母親から一本釘をさされることだってある。いわゆる**多弁期**という時期である。

　そして、このような時期を経たあとにくるのが**適応期**といって、話をする対象に応じたことばを使う時期である。

　親にする話、近所のおばさんにする話、友だちにする話、それを心得ていてその人に合った話ができるようになり、そして話の内容も整頓されてくる時期のことをいうのである。

　保育者はこうした発達段階をよく知った上で、ことばの問題を考えていきたい。

4　ことばをかける

　ことばを伸ばすのは幼稚園に入園してからである、と思っている親は案外多い。

　それは集団としてのことばの教育ができる年齢であって、生まれた時から家庭でことばを育てる方法もある。たとえば０歳児にしても、ことばを話すということは喃語だけしかできなくても、家庭の人たち、とくに母親の発することばに対しては反応を示すはずである。

耳で音を聞いて反応を示すのは、この１歳までの時期である。
　たとえば親指を出して「めんめ」と言ってみるとよい。顔を横むけるとか、しかめ面をするとかの反応をみせるし、禁止のことばである「いけません」「だめ」などのことばでも行動で表すことができる。
　０歳から１歳までであるから、ことばはどうでもよいだろうと思わないで、なるべく話しかけることが大切である。そういったことばをかけることによって、親の愛情を知ることができるのである。
　そんな時期の赤ちゃんに、あそびを通してことばを伸ばす方法がある。
　たとえば、

　　いないいないばあー／かいぐりかいぐりおつむてんてん／いたいのいたいのとんでいけ／高い高い／いまないたからすもう泣きやんだ／ここまでおいであま酒しんじょう／だるまさん、だるまさん、にらめっこしましょ、わらうとまけよ／あんよはじょうず手のなるほうへ

などのあそびがある。
　昔の家庭ではこのようなことばを通したあそびを、赤ちゃんの前でやったものである。
　このあそびのほとんどは、家族のだれかが手をとったり、抱きかかえたりしてあそぶものであるから、そのようなことばを耳に入れ、体にふれて行動させることによって、徐々に歩けるようになり、またものを取りに行くこともできるようになって行動が活発になる。
　その上にことばを理解するし、家族の愛情を知らすことができるよい指標である。
　保育者はこのころ子守り唄を積極的にうたってほしい。
　若い世代の母親のなかには、家庭でおばあさんが子守り唄などをうたうと、
　「おばあちゃん、そんなへたな唄はやめて、子どもが音痴になる」
と言った母親がいたことを聞いた。
　とんでもないことである。あのたどたどしい歌のなかに、どれだけ子どもの成長を願っていることであろうか。

第1章　乳幼児期のことばの発達

　幼児教育を専攻している学生に、「子どものころ母親から子守り唄を聞いたことがありますか」という質問をしてみた。200名近くの者にである。
　するとみんなきょとんとしていたが、「子守り唄をうたってくれと言わないから、聞いたことをおぼえている人は？」と次にたずねてみると、なんと20名足らずであった。
　その歌もどんな歌かはおぼえていない。
- お月さまいくつ、十三、七つ。
- ねんねんころりよ、おころりよ、坊やはよい子だねんねしな。
- ねんねこしゃっしゃりまーせ、ねた子のかわいさ、おきて泣く子のねんごろろ、つらにくさ。

などの歌をふしをつけてうたってみると、学生も思いだしたのか、にっこりとうなずいた。
　昨今の親は、その子守り唄をテレビやCD、テープなどに依存している。これではどのようにして、愛情や親の心を伝えるのであろうか。
　おばあさんのあのたどたどしい子守り唄の中にふくまれる心を育てる愛情がなつかしいのである。子守り唄は是非うたって聞かせてもらいたい。
　この0歳児から、1歳児にかけてはことばをおしえる時期ではない。できるだけ肌にふれてことばを発してもらいたい時期である。
　赤ちゃんであるからわからないだろう、といった心もちでなく、正しいそして美しい音声を耳に入れておくべきである。
　たとえばおむつをかえる時、風呂に入る時、衣類の着脱の時、母乳を飲む時やご飯を食べる時、就寝の時等々。
　「ほーら気もちがよいでしょう、いま取りかえてあげますよ」
　「お湯をザーッとかけてあげますよ、ほーら、うれしそうね」
　「お腹が空いたでしょう、はいご飯よ」
などのことばはいつも発していると思うし、親は、もっともっとリズミカルで、やさしいことばを知っていると思うので、そのようなことばをかけておくべきである。

それが情操を豊かにし、ことばの理解につながり、愛情を伝えることになるのである。
　そしてもう一つ赤ちゃんが、喃語を発する場合、「ムウ、ムウ」と言ったり、「モウ、モウ」と言ったり、なにかを言う時には、「そうなの、うれしいの」など、返事をすることも忘れないでほしい。

5　2歳児のころ

　ことばを伸ばすためには、豊かな環境をつくることを考えなければならない。
　そのようなことからすると、できるだけ屋外、とくに公園や植物園、動物園などに出かけていって、他の幼児と交流をもったり、ベンチに座って話し合う機会をつくるようにしたい。
　2歳ごろになってくると、「これなあに」といった質問をすることが多くなってくるので、屋外などで目にふれるものを通して対話するようにしてほしい。
　このころの幼児は、音声調節がつかないので、6畳の部屋でも公園でも同じ大きさの声で話すことがある。2歳児では当然のことであるといえる。
　ことばは事物とつながることによっておぼえることになるのであるから、できるだけ事物に結びつけて知らせるようにしたい。とくに鳴き声などには、興味を持っているので「どんなふうに鳴くの」といった問いかけが必要であるといえる。
　2歳児のころは、「ごはん」「あけて」「ねむい」「おやつ」というふうに1語文であるし、その上自分の主張を身振りで表すのである。そこで親や保育者はこの身振りによって判断して、その要求を聞いてやるようにする必要がある。
　このような1語文の時でも保育者は、
「そう、ご飯がほしいの」
「戸をあけてほしいの」
「ねむいのね、さあ、ねんねしましょう」

第1章　乳幼児期のことばの発達

といったふうにまとまった文で話すようにして、正しいことばをおしえるようにしたい。
「ごはん」
「そう」
「だめ」
などといったことばでかたづけてしまうことはやめるべきである。
　このような時期には、幼児の身体にふれながらことばをかけるようにしたほうがよいので、とくにその幼児の目を見ながら話すと、納得することが多い。幼児を育てるのには肌にふれて育てることがなによりであるし、ことばを交わすときには、できるだけ肩や手にふれて話をすることがよい。
　2歳ぐらいのころには、人間の身体の部分の名前を知らせるようにして、お風呂に入ったときでも、幼児と対話しながら、
「肩までお湯のなかに入ろうね」
「足のうらもきれいに洗いましょう」
「目をつむってごらん、お湯をかけます」
と言ったりして、その場所をおしえるようにしたい。
　自分の名前が言えること。
　両親の名前が言えること。
　身体の部分の名前が言えること。
などが、この時期の幼児のことばである。
　幼児のことばを伸ばすためには、ことばを必要とする機会をあたえることが第一である。そして話しかけてきた時には、そのつどやさしく受け応えてやることで、幼児が話をしてよかったという感じをもつことが、なによりであるといえる。
　ある時こんなことがあった。
　毎日喜んで通園していた幼児が、突然園にいくのが「いや」と言い出したのである。
「どうしてなの」

と母親が聞くと、
「あの、ぼくの先生がね、ぼくには話してくれないの」
と言うのである。
　そこで母親はさっそく園の受け持ちの先生に電話して、なにかあったのでしょうか、とたずねた。保育者も別に心あたりがあるようでもなかったが、ふと考えてみると、2,3日前にその子が花を持ってやってきたのである。ちょうどその少し前に、同じクラスの子が花を持って先生のところにやってきたらしいが、その先生は、
「そう、ママが持っていけとおっしゃったの、ありがとう」
とお礼を言って頭をなでたそのあと、今の子が花をさし出したのである。その時、先生はちょっと用事をしていたらしく、
「ちょっと待っててね」
と言って仕事をしていたようである。1人の幼児との対話はあったが、次の幼児との対話は全く交わされず、一方的な先生のことばであるとその子は考えたのであろう。「幼稚園にいくのはいや」と言ったのは、それからである。
　一つのことばに対しても親切に答えることが、幼児に安心感をあたえることになる。
　また、このころからテレビの幼児番組を見はじめるので、保育者も一緒に見て、話し合いをするようにしたい。

6　3歳児のころ

　幼児が他人にものごとを正しく伝えるということは、なかなかむずかしいことである。
　しかし3歳ごろになってくると、それがだんだんできるようになってくるので、園や家庭では、
「どうするの」
「どうしてほしいの」

第1章　乳幼児期のことばの発達

などといったことばを使って、できるだけことばで受け答えができるようにするとよい。

　音声の調節はまだできないので、部屋の大きさ、室外、室内などの音声の区別は無理であり、ところかまわず大きな声を出すことが多い。

　園などでも、大きい声で泣いたり叫んだりしているのは、たいてい3歳児が多い。この場所ではこれくらいの声が適当である、ということがわからないからである。

　このころから日常生活に必要な、身のまわりのものの名について一応話ができるようになるが、しかし決して完全なものではないので、どのあたりまで話ができるのかをたしかめてみることもよいだろう。

　たとえば、身体の部分としては、外に表れている部分のことば、身のまわりのもの、身体につけるもの、家庭にあっていつも目についたり使ったりしているもの、たとえば冷蔵庫、クーラー、洗濯機、掃除機、食器の類のことばなどである。

　色の名前も、原色ぐらいはわかるようにしたい。

　園にあるもの、またあそぶのに必要なものの名前、そして仲間とあそぶのに必要なことば、たとえば「積木あそびをしよう」「ぶらんこに乗りたい」「仲間に入りたい」「かしてほしいの」などといったことばが話せるようにしたい。

　さて、このような名前をおぼえるのにはどうすればよいのだろうか。

　「いまからことばをおぼえる勉強をしましょう」などという調子でおぼえさせることはできるものではないので、あそびを通しておぼえさせるようにしたい。たとえば、

　「みんなのお顔にあるものは、何のためにあるのでしょう」
というふうにたずねて、「耳は？」「目は？」「口は？」などと一つひとつを聞いてみると、おもしろい答えが出てくる。

- 足は、歩くため、立つため、ボールをけるため……。
- 手は、ものを持つため、拍手するため、ジャンケンをするため、はしを持つため、手ぶくろをするため……。

などいろいろな答えが出てくる。
　手足などについては、その働きや役目なども言うことができるようにしたい。
　ことばの数をふやすことは大切なことであるが、そのことばの持つ意味をよく把握させるようにしなければならない。
　このころになってくると、徐々に聞き方の指導もしたほうがよい。
　どのように話をすればよいか、という学習をする人は多いが、どのように聞くか、といったことを考える人は少ない。
　たいていは話の仕方の学習であって、聞き方のことは案外無関心になっている。ことばを伸ばすためには、聞き方の学習が大切なのである。
　3歳児のころは、話しながら考えるという時期なので、ほんの短い時間しか聞くことができないのである。
　リズミカルに話すか動作をつけて話をすれば別であるが、いわゆる素話であると、5分で席を立つ園児もいる。園でさえそうであるから、家庭ではなおさらのことである。
　家庭はだんらんの場所であって、一方的にテレビを見るのが毎日で、親と子の対話はどの家庭もそれほど大事にしていない。第一親は幼児と話をする時は、仕事をしながら話をすることが多いのではないだろうか。
　台所で炊事をしながら、
「ほーら、もうご飯ですよ、早くおもちゃをかたづけるのよ、お母さんが、ここから見ています」
とこんなことを言うことがある。
　これではいくら命令したところで、幼児はうわのそらである。
　仕事をしながら話をすることは、やめてもらいたい。
　3歳児ぐらいの年齢の幼児と話をする時には、きちんとした場所で、その幼児の目を見ながら話すことである。そしてゆっくりと、おちついた心で話を進めるのである。おちついた、ゆっくりとした態度であると、聞く幼児もそれにならって、おちついて聞くことになる。できるなら向かいあって話をしなが

ら、幼児の手を握ったり、あるいは肩に手をやさしくのせて話しかけるようにしたい。

このような態度は、幼児と心をつないで、聞く態度をつくる上で役立つのである。

保育者の態度が大切なのであって、その大人が仕事をしながら、そしてそわそわして話をしていたのでは、幼児の聞く態度はつくられない。

一つのことをよく見きわめて、どんなふうに話すと、幼児が理解できるか、「わたしならこのように話をしてもらえば理解しやすい」といったことをよく考えて話すようにすると、幼児も自然に聞く態度が身につくようになってくる。

幼児の目を見て話す、これは大切なことである。

7　4歳児のころ

4歳になると、集団としてのことばの教育ができるようになってくる。このころは多くの幼児が幼稚園や保育所に入園しているのであるから、集団の一員としてのことばを伸ばすことが望ましい。

この時期は多弁期といって、適応期の前の時期である。そうであるから、ことばを使うことがとても楽しい時でもあるし、思考力や想像力が発達する時期である。非常におしゃべりな時であり、自分の思うことばが話せるのでうれしいのであろう。とにかくよく話すころである。

園からの伝言も、家庭によく伝えられるのであるから、親は園から帰ってきた幼児に園からの伝言などをたずねてみるとよい。

「きょうはお手紙なかったの？」
と言ってカバンのなかのプリントを出させるようにするとか、先生からの伝言なども聞いてみると、幼児は楽しく報告するものである。しかし、

「きょうはどんなことをしてきたの、お母さんの前でいってごらん」
などといった園でのできごとを報告させるような態度は避けたほうがよい。

先生は、園からの伝言が、家庭でどのように伝えられているかということを、親との間で知るようにして欲しい。
　幼児が話す話題としては、今経験したことや、身近な経験だけでなく、
「小さい時に、どんなことがあったの」
「大きくなって、どんな人になりたいの」
「ずーっと前に田舎に行った時には、どんなことをしたのでしょう」
などというような話題をとりあげて話すことや、テレビの番組などについての再話などは、話の組みたて方を養うことに役立つものである。
　また一つのものをつくりだす順序などを話すことは、話すことの習得に役立つものであり、もし幼児が忘れたり、本筋からはなれたりした時には、助言をあたえて進展するようにすればよい。
　それでは集団でのことばを伸ばすのにはどうすればよいだろうか。
　それは集団で必要なことばを知らせることである。園の生活に良く慣れさせるためにも必要であるといえる。
　　そろって歩きましょう。みんないっしょに聞きましょう。いっしょに朝の
　　あいさつをしましょう。手をちゃんとひざの上におきましょう。外に出て
　　いっしょにあそびましょう。
など、動作のつくことばを使ったり、またそれを使わせるようにすることも、伝達する上で効果がある。
　園の内外のもの、例えば、手洗い、水のみ場、保育室、遊戯室(ホール)、傘立て、靴箱、遊具などはもちろんのこと、地域の公共物の名称は、幼児をつれていって、実際にその場所を見せることも必要である。
　　駅、陸橋、売店、公衆便所、公衆電話、横断歩道、高速道路、バス停、電
　　停、郊外電車、ポスト、交番、派出所、交差点、郵便局、病院、警察、消
　　防署、町名、商店名……
などがそうである。
　色については、クレパスなどで認識させてもよいが、こんなあそびはどうであろうか。

第1章　乳幼児期のことばの発達

　1枚の画用紙を用意して、赤いクレヨンやクレパスを、1本だして、
「さあ、赤いものにはどんなものがあるでしょう。赤いクレヨンで描けるものを描いてみましょう」
と言って、赤いクレヨンを用いて描かせる。
　鳥居、消防自動車、リンゴ、ポスト、いちご……。
このようなものを次々と描くと思うので、こちらからなにも言わないで、勝手に描くようにする。
「白いものは」
「みどりのものは」
「青いものは」
　こんなふうにして、色とそのものとのつながりを認識させることも一つの方法である。
　また集団では、絵本の読み語りや、童話などを語ることが、聞き方の指導として必要である。
　園で、みんなと一緒に絵本を読んでもらう中で、表現の仕方を学びとったり、文学的なものを味わうことができるのであって、同じ絵を一緒に読むこと、見ることは、意識化したり印象づける点でも大切である。興味のある場面を、さらに読み返すなり、それを行動に移して劇あそびに展開させて、正しいことばを使うことを経験させることも集団でのことばの習得にはよい機会である。
　4歳児のころは、幼児音が少なくなり、話し方も進展するのである。そこで音声に障害がないかをさがしてみるのもよい。歯並び、抜歯などがあると発音に影響するから、よく気をつけて聞いてほしい。次のことばを反唱するとおもしろい。

　　あひるのえんそく　あいうえお
　　かめさんまけるな　かきくけこ
　　さるさんするする　さしすせそ
　　たぬきがとことこ　たちつてと

なまずはぬるぬる　なにぬねの
はちさんはたらく　はひふへほ
まつむしみつけた　まみむめも
やぎのめやさしい　やいゆえよ
らくだにゆられて　らりるれろ
わしのこわをかく　わいうえを

8　5歳児のころ

　5歳になると多くの幼児は、幼児音がなくなり、むずかしいことばを使うことがよくある。
　この時期には、むずかしいこと、知らないことなども大人に聞くことがあるので、その際には親切に答えてもらいたい。
　目に見えてことばの数が増えてくるし、その上に理屈などが言えるようになってくる。そうであるから、そのことばのよってくる原因、理由を聞いて、その関係を知ろうとすることが多い。
　こんな時は反対語などのあそびをしてもおもしろい。たとえば、
　「高いの反対は？」「低い」
　「右の反対は？」「左」
といった簡単なものから、文章化した反対あそびまである。
　「これからはじまりますの反対は」「これでおわります」
　「前へすすむの反対は？」「うしろにさがる」
　「窓をしめるの反対は？」「窓をあける」
　また、長さ、重さ、太いもの、細いものなどで、その性質を知らせるようにすることも大切である。
　「重いものはなあに」「石、鉄、土……」
　「長いものはなあに」「紐、レール、綱引きの綱……」
　「太いものはなあに」「柱、お相撲さん……」

第1章　乳幼児期のことばの発達

などのあそびもおもしろい。

　この時期には長い文を話せるようになるのであるから、記憶力を伸ばすことを考えるあそびもやってみよう。簡単な地図を描いて、

「正夫くんのお家は、橋をわたったまがり角のお家です」

「郵便局は、交差点を越えたところを右にまがったところです」

「バスの停留所の3軒目の八百屋さんのとなりが肉屋さんです」

幼児の前で保育者がこのことばを述べて、さあそれではお使いにいくのですよ、といったように、その行き先を幼児に話させるのである。

「正夫くんのお家にいってください」

「郵便局にいってください」

「肉屋さんに買い物にいってください」

などのようにしてあそぶのである。

　しかし幼児の中には、敬語、単数、複数、過去、現在、未来の使い方のわからない子もいるので、そのような時には、機会をみて質問をするとよい。

「あした幼稚園にいった」

「きのう動物園にいくの」

このようなことば使いは正しいかどうか。

「先生お茶をいれてくれ」

「お母さんお菓子くれ」

「先生もう帰るの」

このようなことばをていねいに言うと、どのようなことばになるのか。

　これを考えることはとてもことばの上達につながるが、だからといって、わざわざ机を前にして練習することは禁物である。自然のうちに、あそびの中で、なんの抵抗もなしに話すことができるのがよいのである。

　このころの幼児は、本が読めたり、文字が書けたりする。絵本を見たり、テレビのCMなどを見たりするうちにおぼえたのであるから、幼児によってその差(個人差)がかなりある。

　文字に親しませること、本を読む雰囲気をつくることがなにより大切である。

就学前の幼児たちは、2学期ごろから急に文字を読むことに興味を示すものであって、年末から正月にかけては、飛躍的に文字が読めるようになってくる。とくに年賀状やカルタなどの正月あそびを通して自然に文字をおぼえることになる。
　絵本も、絵を見るものからストーリーのある絵本を与えるように移行していくと、やがて文字に対する興味がわいてくる。
　絵本の楽しさ、おもしろさといったものをどのようにわからせるのか、その点をとくに考えるべきである。絵本の選択の仕方、たとえば適した絵本であるか、内容のあるものなのか、とくに絵が真に幼児の心をとらえるものであるか、その表現の豊かさ、色彩の美しさ、描かれているものに対する幼児の関心の度合、といったことにも十分気をつけて吟味したい。
　また絵本のとらえ方の一つで、読み語りをしたあと、絵本に盛られた内容について対話したり、あそびに展開することもあってよい。
　しかし、すべての絵本をそのようにする必要はない。幼児が受けとめたことを、ぜひ何等かの形で表現したいといった態度が表れてきた時は、あそびに展開したい。何でもあそびに展開しては困るのである。
　5歳の時期は、ことばでの表現が正確になってきているので、あそびや、お使いに行ったこと、買物に行った時のことなどを話させることも大切である。
　話をしていて順序がくずれて、まちまちになっていることもあるし、途中で忘れてしまっていることもある。そうした時には、「そう、それからどこに行ったかな、パン屋さんでもないし、お菓子屋さんでもないし、どこだったかな」といったように助言して、話の順序やつじつまをあわせるようにしむけていくとよい。
　助言を通して、幼児の発想をひき出すようにしていかなければならない。

第2章 聞き方、話し方を育む

1 12人のおとこのこの話

　3歳児、4歳児、5歳児、いわゆる年少、年中、年長の各組をホールにあつめて話をした。
　その時の話は、「12人のおとこのこ」という話である。筋を記しておかないと、終わってからの園児との対話の意味が通じないので、要点を紹介すると、
　　まっ黒に日にやけた12人のおとこのこが、まっ暗なやみの夜、海岸で足を伸ばして、丸く輪になって話を聞いていた。
　　話をするのは、まっ白なひげを生やした、まっ白な顔と身体のおじいさんである。
　　おとこのこたちは話を一所懸命に聞いていたが、その話はとてもとても楽しい話であった。
　　ところが話が終わって、これでおしまいと言われて、おとこのこたちが立ちあがろうとすると、笑いころげすぎて、足がからまって自分の足がどれだかわからなくなったのである。
　　なかのおとこのこが泣き出して、「足がみつからない」とあわてたのである。すると話をした白い顔のおじいさんは、「それならわしが足をみつけてあげよう」と言って、持っている1本の杖で、おとこのこの足を1本たたいたのである。すると「いたい」と言ったものがいる。「それがお前の足である」と言って、そのあと24本の足をたたいたので、おとこのこたちの足は全部みつかった。
というのがその筋である。
　3歳児も一緒だったため、リズミカルにその話をしたので園児は非常に興味を持ってくれたように感じた。

さてそのあとである。ホールからそれぞれ自分たちの保育室に帰っていったので、保育室をまわって、12人のおとこのこの話への園児の反応をみようとした。まず3歳児の保育室に入ると、たちまち園児が数人あつまってきた。
　「先生、ありがとう」
　「おもしろかった」
　「じゃ、どんな話だった」
とたずねてみると、それらの園児は口をとがらせながら、
　「おとこのこの話や」
　「そうや、おとこのこ話や」
と言う。
　「おとこのこのどんな話なの」
と聞いても、3歳児は、
　「おとこのこや、おとこのこや」
と言って、そのことばから1歩も進まない。おとこのことばと、そのリズムはちゃんと知っていたが、筋はわかっていない。リズムの楽しさだけが、園児の心に残っているのである。足がみつからなくて泣くところ、いたいと言うところ、白い顔のおじいさんが、杖でたたくところ、それが心をひいたことになる。
　次に4歳児の保育室に入って、同じようなことをたずねてみると、
　「先生、おとこのこたち、自分の足がわからないのはおかしいね、ぼくやったらすぐわかるようにいろいろ考える」
といった反応が多かったが、そのなかにひとり、
　「あのね、おとこのこの足たくさんあるとこ行ったことあるよ」
と言う子がいた。
　「どこで」と聞くと、
　「いつも、お母さんと買物に行くとき並んでいるよ」
と言うのである。
　そして、園児はデパートの名をあげながら、

第2章　聞き方、話し方を育む

「くつ下売っているでしょう、あそこに足がたくさんあるの」
　まさに、その通りである。くつ下売り場には、くつ下をはかせた足の模型が、何本も見本として売り場に出ている。あれを言うのであろう。するとほかの園児も、
「そうやー、知ってるー」
と、まさに話の反応である。生活の中にお話をひき入れて、それを味わう態度である。まことに楽しい反応である。
　そのあと年長組の保育室に入った。
　そして同じように12人のおとこのこの話のことを聞くと、そこの園児はそろって言った。
「先生、あのね、おとこのこたち泣かんともっと考えたらいいのに」
「どうして」
「あのね、ぼくらだったらあんなことはしないよ。両手を頭の上におくの。そしてその手をだんだん肩に持ってくるの。それから肩からお腹へ、そのお腹からずーっとさげてくると、足のところにくるの。すると足がわかるじゃないの。ねえー」
と言うと、みんながそろって、
「そうやー」
と言って笑った。
　まさに年長児である。
　このような反応のなかから、3歳児は話の中でリズミカルなことばや、鳴き声、擬声音、歌などに興味を持ち、話の繰り返しを喜ぶし、4歳児は自分の考えたことを相手に伝えることができるようになり、ある程度まとまった話ができるようになるが、筋のとおらないことも多いということがわかる。
　5歳児になると、自分の思っていることや経験を、幼児なりに相手にわかるように話すことができるし、話の筋道や内容に対する理解がひろがるということがよくわかるのである。
　園児の反応をみていると、逆にこちらのほうが、話し方をおしえてもらって

いるような感じもするのである。

2　話とは善言の合会なり

　この間も学生に、小さいとき親から聞いたお話でおぼえている話があれば言ってほしい、とたずねたところ、だれ1人として手をあげるものがいない。
　「それではおぼえていなくてもよいけれど、今から言う話のなかで、少しでも耳に残っている話があれば手をあげてほしい」
と言って、日本の昔話の中の**五大噺**といわれる、**舌切雀**、**さるかに合戦**、**花咲爺さん**、**かちかち山**、**桃太郎**の話をたずねてみると、名前を知っていてもその筋がわかっていないようである。
　わずかに200人中の10数人が桃太郎の話は言えるといった程度である。まったくおどろくべきことである。
　ある学校で一寸法師というのはどんな話か、とたずねたところ、「一寸法師」というのは「どこの帽子屋さん」ですか、と尋ねてきたという話を聞いておどろいた。日本の昔話も子どもたちの世界からこんなに離れているのかと思うと淋しい気がする。
　このように、親の口から耳に入れる話の少なくなっていることに気づくのである。
　CDで話を聞かす。テレビを観せて子守り唄のかわりにする。そんな家庭がどんどん増えていて、親の口から聞かせる話はほんとうに少なくなってきている。
　子守り唄をうたうことにより、この子がよく寝てすこやかに育ちますように、という**祈り**が子どもの心に伝わるのである。
　同様に、お話を聞かせることにより、親の祈りや**ねがい**が子どもの心に伝わる。正しきものは栄え、悪を身につけたものは必ず滅びる。お話はそのような要素を持っているから、親がそれを語ることによってそのお話を通して子どもは育つのである。

およそことばというもののすべてに祈りがあることに気づいてほしい。

「話」という字を辞書で調べてみると、話とは、「**善言の合会なり**」とある。よいことばが会しあつまったものである。合と会の2つのあつまるという意味の字を記しているその意味は深い。

また中国の『左伝』という書物をみてみると、

　「話」とは善言なり

とある。

善言とはいったいどんなことばであろうか。美辞麗句が善言なのであろうか、耳ざわりのよいことばで話すことであろうか。

そうではないはずである。この時の善言とは、**祈りのあることば**という意味であるといえる。

祈りのあることばとは、「この子が無事で、すくすくと育ちますように」という親のねがいをこめたことばなのである。

およそねがいを持たない保育者はいないはずである。お話を聞かせることは、その中に祈りがあることを意味するので、ことばによって祈りを子どもに伝えるための媒体として、お話をすることを提唱するわけである。

3　読み語り

園にはいろいろな視聴覚教材を業者が持ってくる。

紙芝居、スライド、人形劇、エプロンシアター、パネルシアターなど、まことに便利な教材である。みんなできあがっており、保育者が手を加える必要がなく、すぐさま間に合う教材である。そうした作品を演ずるためにCDやカセットに吹き込んであるものまである。

スライドなら機械にかけておいて、スイッチを入れるだけで事が足りるのである。

先生にとってはまことに便利すぎるものであって、園長先生にたのんで、すぐさま購入してもらいたいと思うだろうが、実はこのようなものばかりを利用

することは、あまり好ましいことではないと思う。
　話というものは第一義的である。すなわち直感によって訴えるものなのである。幼児を前にしての話は、その話し手の人格というものに直接触れさせるものにほかならない。それは話のへた、じょうずではない。
　保育者の口から出ることば、身体で話すことば、それが幼児の目を通して直接訴えること、それがいちばん効果がある。どんなにじょうずに、そして名優がことばをたくみに語ってみても、目の前にいる幼児の心に、しょせんそれは心がこもって伝わるものではないといえる。
　そういったことから園でも、家庭でも、直接ことばを耳に入れることの大切さを考えたい。
　そこで絵本などの**読み語り**といったことが、一つの方法であるといえる。
　双子の姉妹がいた。母親が2人のために2冊、それも同じ絵本を買ってきて与えた。夕食がすんだあと、双子の姉妹が母親の前に座った。そして母親に言った。
「ママ、絵本読んで」
　母親は姉の持っている絵本を持って、はじめから絵を見せながら、読んだのである。
「おもしろかった、さあ、これでおしまいよ」
とその姉に絵本を渡した。すると妹が言うのである。
「ママ、わたしも絵本を読んで」
「あら、今お姉ちゃんの絵本を読んだでしょう。あなたの絵本と同じじゃないの」
と言うと、妹は、
「ママ、それはお姉ちゃんの絵本なの、今度はわたしの絵本を読んで」
と言うのである。
　これなどは読み語りの持つ意味を示すものであって、わたしのために話をしてくれている、わたしの本を読んでくれている、という第一義的な要素のものであることがわかるのである。

第2章　聞き方、話し方を育む

　この絵本の読み語りというものは、幼児のことばを伸ばす上での大切な役割を果たすといえる。
　絵本はいずれも書きことばで示されている。こうした書きことばというものは、芸術的表現の上になりたっている。もっと具体的にいえば、文章的表現が豊かであり、また文学的な内容である。
　そういった点を考えてみると、豊かな文章によって、それを聞く幼児は、知らず知らずのうちに語彙が豊富になってくる。
　優れた絵本は、とくに書きことばについては吟味されているのであるから、それを耳から入れることによって、正しいことば、あるいは文学的なことばをおぼえるよい機会である。おぼえることが、やがてそれを使うことにつながるのであるから、読み語りの意味は大きい。
　読み語りによって、絵本の展開を想像させることができる。幼児の顔を見ながら読み語ることによって、想像させたり、幼児が自分でその展開について予想したりすることによって、話を聞く態度ができる。
　とくに絵本は、絵がその展開や発展に役立つが、おはなしは幼児のイメージをつくる上で役立つのである。テレビとラジオを比較してみると、テレビよりラジオの方が想像力を豊かにする。その画面を見るため、イメージへの発展の作業はラジオより少ないといえる。
　それと同じように、おはなしというものは、物話を語るなかで想像力を育てることになる。そしてこの想像力を育てることが、頭の働きを刺激することになり、またその刺激を受けたことによって、ことばとして使うことを身につけるのである。
　このように耳からことばを入れることによって、ことばの使い方が敏感になるのである。
　園で、何人かの幼児を前にして読み語りをする場合、時には語り終わったあとの話し合いが大切となる。
　それは文学的なものを育てることになり、この話し合いによって、幼児がもう1度印象を深めることにもなる。

このような時には、保育者から先に発言しないことである。もちろん黙っていて、幼児の発言を待つということではなく、幼児が発言したいような雰囲気や、話をしたくなるような発問をしてみることが大切になる。

この発問はなかなかむずかしいのであって、幼児が話をしたいという心をつくらなくてはならない。

そのためには、保育者はいつも幼児の絵本を読んでおく必要がある。

話し合いが進まなければ、ヒントになるようなことを助言して、できるだけ感想を述べられるようにするとよい。これが、幼児が感じたことを確認することに役立つ。

しかし、毎回毎回これをやると幼児に負担が生じかねないので注意が必要である。

4　絵本からの劇化

絵本を読んだあと、園ではよくそれを発展させて、劇あそびなどに展開しようとする場合がある。いわゆる**劇化**である。

しかし劇化ということについて、ごく稀な場合をのぞいて、最初から一つの作品を劇化してほしいと考えて作家は絵本を書いてはいない。童話は、語る人が多少脚色して筋の展開を楽しくし、劇化を考えて幼児に話す場合があるが、絵本は、最初から観察を第一義としているのであるから、劇化を意識しているのではないことを知っておきたい。

たまたま絵本を読んだあと、どうしても動きを通して表現したいという意欲が出てきた時に、劇へ発展させることになるが、絵本を与えてそれをすぐさま劇化しようと考えることは、絵本が持っている分野から逸脱することにもなりかねないので、そのあたりの扱いによく注意してほしい。

絵本はどこまでも観察して味わうものである。したがって、見ることが第一義である。それを最初から劇化にまで進めるということをすると、その作品の扱い方に、多少無理ができることになるので、その点を充分考えて劇化を進め

るべきであるといえる。

　絵本の読み語りをしているうちに、
「おもしろいね、ぼくも犬になってみたい」
「わたしもおさるさんになってやってみたいの」
と園児の口から出てくるならば、それを劇化に発展させることは可能である。
　しかし絵本に感動がなく、次の発展に進めるような園児の理解がない場合は、やはり絵本を読み、語るだけで終わることもある。
　劇化というと、すぐさま劇や芝居と考える場合があるが、そのようなものでなくてもよい。
　その人物になった気持ちで、その雰囲気や感情を表すのである。
　　狼　「おや、赤ずきんがくるらしいぞ、赤ずきんちゃんのにおいがする」
　　赤ずきん　「よいお天気ね。さあ、それでは森の向こうのおばあさんのと
　　　　　　ころにお使いにいってこよう」
　　狼　「赤ずきんちゃんがきたぞ」
　このような台詞を言いながら、先生が狼になって、台詞をしゃべったり、身ぶりをしたりするのである。すると赤ずきんになった幼児は、やっぱり動作をつけてしゃべりながら出てくる。
　劇化的なことより、むしろごっこあそびとして扱ってもよい。
　大切なのは台詞が、この幼児から自然に出てくることである。
　それには絵本の内容をよく理解することと、先生が幼児の発声や動作を結びつき易いような問いかけをしてみることが必要である。
　よく園の生活発表会などを見ていると、先生が両袖の幕のかげにかくれていて、出演している幼児に注意したり、台詞を口伝えにしゃべらせていることがある。
「もっと前にいくの、もっともっとよ、そして〇〇ちゃんとおててをつなぐの」
「はい、今日は」
などと、観覧する人に見せようと、努力している姿にふれる。
　幼児にとっては迷惑なことである。ひとつも自分のものがなくて、先生にお

しえてもらった通りの表現である。

　家庭にはステージなどがあるわけではないが、できるならこうした劇化をとりあげる場合、それを観る人が1人いてほしい。父親でも、母親でも、おばあさん、おじいさんでもよい。その観る人がいることによって、いわゆる台詞や動作が異なってくるのである。

　1人で本を読んでいる場合は、自分に理解できることば、そしていつもの声の大きさ、高さでよいのである。しかしそれを人の前で読む場合には、その筋なり、内容なり、そして何より幼児が聞いている人にわからせようとして表現することが必要である。

　それが読書の向上につながるし、話し方を上達させるのである。

　ステージでしゃべる場合や、人が観ているところで台詞や、動作をするときには、聞かせること、観せることについての考えが出てくるはずである。

　そうであるから劇化は、その幼児の心構えの中にそうしたことが含まれることにつながればよいと思う。

　劇化というものは、しぐさあそび、ごっこあそびと考えたほうがよいのかもしれない。

5　聞かせること

　幼児と対話して納得したり、了解したような時には、その子の手をぎゅっと握って、「よかったね」と印象を深めることが大切であるが、もう一つ大事なことがある。

　それはその子の目を見て話すことである。

　にっこりしながら目を見て、大人の目と、その幼児の目とが、うなずくように見合わすことができると、なぜかしらその幼児は大人への信頼感を深めると思う。

　もう一つある。とくに幼児に対しては、できるだけその子の身体にふれてやってほしい。手をそっと肩にかけて、

第2章　聞き方、話し方を育む

「よいこになりましょうね」
とそっとさわってみるのもよい。正面に向かいあって、両手をその幼児の両肩にのせて、
「はい、ごくろうさま」
とふんわりおさえることもよい。
　小さければ小さいほど、その子は血のつながりや心の通う思いを感じとると思う。
　何でもないことであるが、こうした態度はとくに幼児には必要である。
　別にほめる時ばかりではない。叱る時だって、
「気をつけるのよ。あんないたずらをしてはいけませんよ」
と、ぐっと抱きかかえるような態度でその子の身体にふれてやると、やはり納得を深めるのである。
　人間というものは体温を肌で感じる機会があると、その人の心はゆるやかにまたあたたかく感じる。このようなことはことばの効果をあげるのに大切なことであるといえる。
　先生が保育室で幼児に話をする場合も同じことである。
　今日の話は幼児にとって多少むずかしいかもしれない。そう思った時には、前に座っている幼児の椅子の間隔を、前後左右とも少しずつ離して座らすこともその一つである。するとその幼児は、きょうは一人ひとりに対して話をしてくれているという心がわいてくる。
　家庭で絵本を読む時でも、その幼児の心境をよく察知して、親がその子の肩を抱きながら、読み語る時があってもよいはずである。小さい子なら、膝の上にのせてもよい。ともかくも親の体温を肌に感じさせての読書や話しかけは効果があるといえる。
　絵本に盛られた内容にとけこませたいと思うのなら、親もその絵本にとけこむことである。よくあることであるが、話す人がその内容を理解しておらずに、うわのそらで文章を読んでいては、幼児に話が通じるわけがない。自分自身が話を理解し、その**話を好きになる**ことである。話をする人に興味がないのに、

聞くほうが感銘することはあり得ない。

　楽しい話であって、自分の心にその話を受けとめ、話を好きにならないと、聞いている幼児には理解ができないのであるから、絵本を読み語る時には、そのようなことが必要である。

　また注意をしたり、命令をしたりする時には、自分に言ってもらった時には、こんなに言ってくれればわかりやすい、ということばを使うべきである。

　ことばだけではない。その内容もやはり、わたしに話してくれるのなら、そのように話してほしいという内容であれば子どもにも理解できるけれど、話をしている人がわかっていないのに、幼児に伝えるということは無理である。

　そうなってくると、**具体的なことば**でなければならない。

　園で先生の話を聞いていると、そのことばは非常に具体的であることに気づく。

　「雨がふっていやですね」

そんな時でも、

　「雨がしとしとふって、とてもいやですね」

とていねいである。

　「お日さまがきらきらかがやいていて、とても暑いわね」

と具体的であるし、

　「冷えたものを食べてはいけません」

などと言わないで、

　「アイスクリームやら、ジュースやらを２つも、３つも食べると、お腹が悪くなりますよ。お腹が悪くなると、お医者さんにみてもらわなくてはなりませんので、気をつけましょう」

　こうした道順を通ってくると、次は抽象的なことばがわかるようになる。そして、概念的なことばへと発展していくのである。

　さらに、修飾や仮定がわかるようになる。

　「あしたお父さんが、かえっていらっしゃったら、きっとおみやげがあるわよ。だから今日はおとなしくしていましょう」

「ずーっと昔よ、あの山の向うの村に、こんな話があったのよ」
などということがわかるようになる。

その意味で聞かせる工夫が必要になってくるのである。

6　聞きじょうずになろう

　人の前で話をする時に、**聞きじょうず**な人がいるととても話し易い。すぐにうなずいたりしてくれる人がそうである。

　講演の時でもそうである。大会場ではまた異なった雰囲気があるが、小会場では何人かの聞きじょうずな人がところどころに座っていてくれると、話をしているほうでも、なんだか話がひき出されているように思えて、準備した内容よりかえってすばらしい着想が心の中にわいてくることもある。

　幼児の話を聞くには、絶対に聞きじょうずになってもらいたい。

　幼児が一所けんめい話をしている時でも案外その話に耳をかたむけていないことが多い。幼児の話をおろそかにして、幼児だからまあいいだろう、といった考えがあるのではないだろうか。聞きじょうずになることは、やがて話しじょうずをつくり出すことにつながるのである。

　大人は、幼児の話をゆっくり、そしておちついて終わりまで聞いてやる必要がある。

「いいのよ、何度も言わなくてもいいの。ちゃんと知っているから」

　ついこのようなことばを幼児の前でとっさに発することがある。とんでもないことで、たどたどしい訴えや報告であっても、

「そう、おどろいたでしょう。それからその犬はどうしたの」

と、最後まで努力して聞いてほしい。

「いいのよ、わかってるわよ。その犬はにげていったのでしょう。なんでも知ってるでしょう」

　幼児の話を全部とりあげてしまっては、幼児の話の上達にはならないのである。

ある時にはおどろきの眼ざしで、「あら心配したでしょう」とびっくりしたようなしぐさをすることもよい。真剣な顔つきにより、幼児は心配したり、喜んだりする心が倍になるので、必然ことばがはずむことになる。
　話を聞くということには、努力がいるということをよく知ってほしい。
　なんでも半分で理解したり判断したりすると、その次から幼児も心得たもので、話を粗略にしまた真剣味が欠けてくることもある。
　次にあいづちをよくうってほしい。
　幼児がしゃべりっぱなしであって、「うん」も「すん」も言わないことがある。
「ええ、まあ、それからどうしたの」
のぞきこんで聞きかえしてみると、幼児はその刺激をうけて、もっともっと話をしたいという衝動をわきたたせるのである。
　もし、行き詰まったような時には、そのまま黙って放っておかないで、
「それから、こんなことになったのとちがうかな」
と話を出しやすいようなことばを出すこともよいし、
「一緒に考えてみましょう」
と言って、いろいろなその時の状況を描いてみさせることもあってよい。
　聞く時には、ゆっくりと聞いてあげることである。仕事中であってせっかちな母親が、
「それからどうなったの、早く言わなければお母さんは知りませんよ」
とやってしまっては、幼児の意欲を踏みにじることになる。
　園では、月曜日には日曜日のできごとや、それぞれの家庭で経験したことを発表させることが多い。
　そのような時にも、先生はじーっと耳をかたむけるようにして、その幼児の話を１語１語逃さず聞いてもらいたい。
　そんな時幼児の話が飛躍したり、順序が前後したり、またことばを忘れたりした時には、うまく助言をあたえる。せっかくの発表を先生が一人じめして、幼児よりしゃべってしまっては、幼児の話は成長しないのである。
　何人もの幼児の発表を聞いていると、それらの幼児のことばの特徴がよくわ

かる。そして話を聞く時には、時々うなずくことである。
　「そう、先生もどうなるかと思ったのよ」
と首をふってうなずいてみると、その発表をしている幼児は、さも満足気になって、また次のことを話していく。
　聞くということはことばの経験のなかの、聞くこと、話すこと、読むこと、書くことの4つの部門の中で、一番幅の広いものである。
　話すことはすぐ進歩するが、聞くことはすぐさま進歩するということはない。
- みんなといっしょに話を聞くこと。
- 話を終わりまで聞くこと。
- いたずらをしたり、途中で聞くことをやめてしまうことがないようにすること。

といったことに留意し、幼児の聞く態度をつくっていきたいものである。

7　「はい」と「いいえ」

　返事がはっきり言えるのは、横で聞いていても気持ちがよいものである。「はい」と大きな声で、はっきり言える人は、理知的であり賢いように思えるが、ぐずぐずしていてなかなか「はい」と言えない人をみると、なぜかしら行動性の貧しい感じがする。それほど返事は大切であり、人格を表すものなのである。
　この返事の「はい」ということばは、首を上むけては言えないことばである。
　試みに「はい」という発声をあごを上むけて言ってみるとよくわかることであって、2,3度発声しているうちに、発声が苦しくなって、のどがかすれてしまうのである。
　そこで「はい」をあごをひいて発声してみるとなんと楽に、なんの苦痛もなく声を出すことができるか、ということに気づくだろう。
　「はい」というのは心の態度を表すことばなのである。少しあごをひいて、そして頭をややうつむきかげんに発声すると、実に楽に言うことができる。

そういうことからすると、「はい」はあなたの命令や、言いつけを守りますということの意味である。したがって「はい」はその人の心の態度ということである。「はい」を言うときに「絶対命令は聞きません」というような心で発声すれば、必ず相手に不快な感じを与えることになる。「はい」がすなおに言えるような子どもにしたいものである。
　このように「はい」ということは、返事をするということであって、この返事をすることによって、自分を意識することであるし、また相手を意識することである。それだけに「はい」ということばを意図的に、計画的に指導するようにしたい。
　昔からよくあることであるが、赤ちゃんがだんだん大きくなってきた時に、一番初めにどんなことばや動作をおしえるかというと、「いやいや」ということばが一般的である。
　「まあ大きくなられたこと」
とその成長を喜ぶと、その子の母親は、
　「あのー、もういやいやができますのよ」
と言って、首を左右にふる、「いやいや」の動作をさせる親がいるし、まだその上に顔をしかめっ面にして、「いやいや」をさせて結構たのしんでいる親もいる。
　大きくなった時に、親が子どもになにかをさせようとした時に、「いやいや」をされては困るだろうと思うのに、平気でこの「いやいや」をさせて喜んでいる。
　やはりなんとしても「はい」から先におしえておくべきであろう。
　この「はい」の反対に、「いいえ」ということばがある。「いいえ」も返事であるから、これも言えなければならないが、そのどちらにしても自分の意志をことばで言い表すことなのである。
　ところが3歳児ぐらいだと、この返事がなかなかできないのである。「はい」と言うかわりにうなずいてみせたり、「いいえ」と言うかわりに、首を横にむけたりうつむいてしまう幼児がいる。このような幼児に対しては、家庭でも園でも、ことばで返事ができるようにしむけることが大切である。

第2章 聞き方、話し方を育む

　「はい」と言えない幼児に対しては、片手で頭をおさえながら「はい、きっとできるわよ」と、親が頭をなでながら幼児にかわって返事してやることも効果的であるし、「あらっ、いやいやしているの」と両方の頬をそっと指さきでさわってみて、のぞきこむようにし、そして口伝えでもするように、「いやいや」とやがてことばで発声できるようにさせる準備のような態度もあってよい。
　よくあることであるが、入園した頃には、ことばで返事ができないために黙って知らぬ顔をしたり、うつむいている幼児もいる。とくに名前を呼ばれた時にあることである。
　○○君、○○さんと呼んでも知らぬ顔である。目の前で胸にきちんと名札をつけて座っている幼児であるから、先生も名前をよく知っているのであるが、「はい」とは言ってくれないのである。
　これはいったいどういうわけであろうか。
　家庭でのこの幼児に対する呼び方が一定しないからということがある。
　○○君と呼んだり、ニックネームを呼んだり、また略して、○坊と呼んだりしているためである。祖父、祖母の呼び方、親の呼び方、親せきの呼び方など、みんな異なった呼び方をしているのに、入園したとたん○○君と呼ばれておどろいているので、まったく耳慣れないことばであるために他人のように感じたのであろう。
　このようなことがあるので、家庭では入園前には正しい呼び方をするように、そして受け入れる園においても、家庭での呼び方をよく調査しておいて、「はい」と返事ができるようにすることが大切である。
　初めが大切であって、入園早々から名前の呼び方で幼児が抵抗やはずかしさを持たないように配慮しなければならない。
　園では、入園当初名前を呼ぶ時には、できれば、名字と名前とを一緒に呼ぶようにしたい。これは幼児に自分の名前はこのようである、ということをはっきり認識させるために必要なことである。
　「はい」は、一番簡単なことばの活動である。そしてだれでもすぐ言えることばである。しかし形式的にただことばだけを出せばよい、ということでなく、

心のこもったことばとしての「はい」であるようにいつも指導しておくべきである。

8 話し合いのこと

　相手に親しみを持つということは対人関係では大切なことである。その親しみというものは、対話をすることによってつくられることが多い。
　そしてこの対話によって相手をよく知ることができるのである。
　人間というのはひと言ことばを発しただけでその人柄がわかってしまうことがある。知らないところに出かけて、ちょっと道をたずねても、この人はどんな人であるかがわかってしまうことがあるから、話すことはむずかしい。
　話すことは、相手をよく知ることにも役立つし、また逆に自分を知ってもらうことにもなるのである。
　人間というのは話すことによって安定感を増すので、人の前であいさつしたり祝辞を言ったりしたあとは、どことなく落ちつきを持つのはそれがためである。
　それで会話や話し合いをすることによって、人間関係のワクをひろげることができるのである。
　しかしこうした会話は、特定の場所をつくって、「さあ、これから話し合いをしましょう」といった形式で進めることではないので、幼児同士の会話は、あそびの場で自然に行われるようにしたい。
　そこで園や家庭では、そうした**話し合いのできる機会**を数多くつくるようにしなければならない。
- ブランコの順番を待っている幼児同士の話し合い。
- 積木で家をつくってあそんでいる幼児の保育室での話し合い。

　そういったことをいつも考えて、雰囲気をつくるようにしたいものである。
　相手に話しかけるということについては、こちら側に話したいという内容を持つことが望ましいのであって、こちらにぜんぜん話をする内容の持ちあわせ

第2章　聞き方、話し方を育む

がないのに、話がうまく進むことがないのは当然である。
　それについては、豊かな生活経験が必要であって、その経験をどのように与えるか、ということが大人の考えるべきことであるといえる。
　経験が浅かったり情緒が不安定であると、必然対話や話し合いはできないことになる。幼児に安定感を持たせ、親しみを感じさせて、話すことの楽しさを経験させるようにつとめなくてはならない。
　そのためには、聞きじょうずになって、返事をしたりあいづちを打ったりして、明るい楽しい雰囲気で呼びかける必要がある。
　この**呼びかけ**という行為は、話す以前のものであって、話すことのできない幼児に対してはまずこの呼びかけから始めるとよい。
　どのように幼児の話を聞き出してやるか、それには工夫がいるのである。
　「ただいま」
と幼児が園から帰ってくる。するとすぐさま、
　「今日はどんなことをしてきたの」
と問いかける親がいる。
　幼児が「忘れた」とでも言うと、さあ大変である。そんな時には、
　「強かったね、今日も元気でよかったね」
とまず幼児の頭をなでてやって、それから聞き出すのである。
　「先生から聞いたお話をしてくれない？　お母さんにも聞かせて。きっとおもしろいお話だったでしょうね」
と自然に話が出るような雰囲気を持つようにしたい。
　「何をしてきたの、なぜおぼえてこないの」
と言ったり、
　「隣りの○○ちゃんは、何でもちゃんとお母さんに報告するのに」
などという聞き出し方は、下の下である。
　幼児は園で十分に活動してきて、その上あそびなどで疲れている時には、帰ってきて、「お母さん今日のことを報告します」などと向うから話す幼児などはあまりいないと思う。

話したいようなムードをつくる親であってほしい。幼児を膝にのせながら、
「お母さんね、あなたが先生からならってきた歌をうたうから、聞いてくれない？　じょうずに聞いてくれないと、お母さんは途中でまちがうかもしれないよ」
など、興味を持つようにさせながら逆にこちらから呼びかけてみるのもよいだろう。

そうして歌をうたっているうちに、その子がつられてうたい出す。そこをとらえて、その子に続けてうたわせてみる。それから次の対話に入っていくと、安心して、そして楽しいムードで話し出すことができる。

9　聞き方の大切さ

家庭での母親は多忙である。したがって家庭でゆっくりと幼児の話に耳をかたむけるほど暇がないときもあるだろう。

わかった上で、なお聞きじょうずになってやってほしいものである。

先生も同じことである。幼児は月曜日の朝や長い間の休暇が終わって登園してきた時には、日曜日や休み中の経験を話したがるものである。そんな時に先生は、仕事の手を休めてもよいから話を聞いてやるべきである。

1対1の話し合いを幼児はとても喜ぶものである。

幼児の話を聞くということには、忍耐力が必要である。幼児が話をしようとしている時に、大人は先どりしてはならない。

「わかっているわよ、このようにしたのでしょう。ちゃんと先生は知ってるのよ」
などと先に次々と話してしまうようなことは、やめてほしい。

そうかと思うと、また話を途中でさえぎってしまう場合もある。これは幼児の話を伸ばすことにはならない。

そこで聞くということについて、どのような態度でのぞむか、それを記してみると、

- じょうずな聞き手は、うなずいたり、あいづちをうつ。
- 園では、椅子に腰をかけて保育者と話すようにしたほうがよい。それは1対1の対話という感じを高めるためであるし、家庭であれば、親の膝の上にのせて、1対1の感じを出してもよい。
- 園で幼児の声が小さく、他の幼児に聞こえないような場合には、保育者はほかの幼児にもわかるように、補足して伝えるようにしたい。家庭ならばそんな必要はないかもしれないが、それでもこのような場合は、親が多少声を大きく取りついでやることがあってもよい。
- 発表がとぎれとぎれになることもあるし、秩序だてて発表できないようなこともあるが、そんな時も保育者は適当に助言をして話を続けるように持っていくようにする。
- 発表やお話は自然な、そしてすなおな話がよい。作為的になったり、幼児らしさを越えたような話しぶりの時には、聞くほうの側でセーブすることも考えたい。
- 幼児がじょうずに話をしたからといって、だらだらと時間をとるようなことがなく、きちんとしたまとまりのある筋の運びに持っていくようにしたい。
- 長い話をしたからよいというのではなしに、短い話でもよいから、まとまりのある話で、発表の機会を多くするようにしたい。
- 同じことを何度も何度も話す幼児がいるが、その場合保育者や親がうまくまとめて話すような指導が必要である。

　人はだれでも心のうちにある喜び、印象などをほかの人に話したいという心を持つものであるから、その機会をとらえてうまく聞き出すと、それが話し方の進歩につながる。そういった点で聞き方というものは、話すこと以上に大切なものである。

10　話の理解

　3歳ごろまではことばをおぼえることが主であったが、このころからことばを使うようになってくる。
　ただし話をする相手は、身近な人に限られているようであって、家族、そして先生などが主である。この時期を成熟期と呼んでいる。
　すなわちことばが、一応成熟の時期に達することであって、ことばの数も多くなってくる。2歳ごろまでは、身ぶりや動作が多かったが、この時期になると、ことばに身ぶりをつけて話すようである。
　園で3歳児とあそんでいる時などは、話をしながらも、手を上下左右にふっている幼児がよく見うけられる。必ずといってよいほど手を動かして話しているのに気づくのである。この3歳児は、話を部分的にしか理解できない。童話などではとくにそうであって、筋全体を理解することはむずかしい。
　小さな話の中で、
　　にょろにょろにょろにょろと、みみずが、出てきたの。
といったところでは、前段の筋にはまったく無関心であって、にょろにょろのリズムだけを理解している。
　　お百姓さんが大きなかごにきゅうりを入れてやってきました。きゅうりが一つかごからとびだして、川にドブンとおちました。ドンブラコッコ、スッコッコと流れていきました。
　　あちらから小さな赤いくつをはいた女の子がやってきました。小さな赤いくつが一つ川にドブンとおちました。そしてドンブラコッコ、スッコッコと流れていきました。
　　こちらからきゅうりが、ドンブラコッコ、スッコッコ、あちらから小さなくつが、ドンブラコッコ、スッコッコと流れていきました。
　　そして、きゅうりとくつがしょうとつすると、小さなくつの中に、大きなきゅうりが入りました。するときゅうくつ、きゅうくつと言いました。

第2章　聞き方、話し方を育む

　おしまい。
　このような話は、その筋もないが、3歳児では、「ドンブラコッコ、スッコッコ」が、とても楽しいのであるし、また小さなくつの中に、きゅうりが入って、「きゅうくつ、きゅうくつ」といったそのリズムが印象的なのである。
　声の大小や、強弱の調整がつきにくいのもこのころで、小さな部屋でもかなきり声で話すことが多いし、とくに興奮してくると、大きな声でわめくこともある。
　この時期には、「なぜ」という質問がではじめる。
　「なぜ」とたずねたような時には、親切に答えてほしい。
　「だめよ、子どもはそんなこと聞かなくてもよいのよ」
と言って、この「なぜ」を葬ってしまっていないかよく考えてほしい。
　そして次に4歳の時期になると、非常におしゃべりになる。これを多弁期といっている。
　いわゆる3歳ごろまでにおぼえたことばを、使ってみたくなる時期であるから、ともかくもなんでもしゃべるのである。
　「先生、落語いうたげようか、これはぼくがつくったのやで」
　「そう、落語がつくれるの、それでは先生に聞かせて」
と言ったら、5歳児のけいちゃんがひと口ばなしをしてくれた。
　「お兄ちゃん、ぼく字をまちがってかいたの、けしゴムかしてんか」
と言ったら、お兄ちゃんが、
　「いやだよー、けしゴムなんか、かしてやらへんよ」
と言った。するとぼくは、
　「兄ちゃんのケチ、それはけしゴムでなくてけちゴムだよ。おしまい」
あっさりやられてしまう。
　するとまた次にやってくる。
　「ぼくのお父さんは35歳やの、そしてお母さんは、30歳やの、それでおうちでやくそくをきめたの。どんなやくそくって、お父さんは、どんどん歳をとってもよろしい、お母さんは、30歳でとめておくの、お母さんは、歳をと

らないようにしたの。お母さんは、歳をとるのがいゃーというのだもの」
　こうしたおしゃべりの幼児をみて、ついこれはとても知識が発達したのだと誤解してもらっては困る。このおしゃべりは、このころの幼児のあそびであるということで、言語能力がすぐれているということではない。言語能力がよいというのは、その語数の豊富さ、文章のかたちが整っているかどうかということから判断すべきである。
　そしてうれしいことには、話の理解ができるようになったことである。
　ある程度まとまった話もできるようになるが、まだ筋のとおらないこともある。
　この時期の次にくるのが適応期であって、5歳児のころである。適応期というのは、話をする相手に適応して話すという意味である。相手にわかるように話すこともできるようになるし、話を聞くことができるようになる。みんなと一緒に話を聞くということは、大きな進歩であって、いわゆる聞き方の一つのかたちができたことである。
　話をしている人の目をみること、話の途中でことばをはさまないこと、聞いてしまってから話をするようにすること。このようなことは、家庭においてもできることであるから、5歳児と話し合う時には、こうした態度も自然のうちに知らせておくようにしてほしい。
　この時期から、ことばの指導もできるのであるが、おしえるということではなく、正しい話の仕方を知らせるようにすることが大切となる。

第3章 気をつけたいことばの指導

1 幼児の質問に答える

「なあぜ」「なあに」と、幼児はよく**質問**する。
このような時期はいつごろか、それは幼児の時に2度ある。
1度目は1歳半から2歳のころ、2度目は4歳から5歳のころである。
この1歳半ごろからの質問では、もののなまえをよく聞くのである。
「ブウー、ブウー」とか、「ウーウー」とか言って指さすのは、これは自動車である、これは何かの機械であるということで、ことばをおぼえるための質問なのである。そんな時に親はめんどうくさくても一つひとつうなずいて、「そう、自動車なのね」と言うようにして親切におしえるようにしたい。
そして4,5歳になると、さらに質問はさかんになるので、この時期を質問期という。質問を発する時期とは、知恵の伸びる時期のことであって、見ること、聞くことのすべてが不思議であり、珍しくって、真剣になって聞くのである。
そんな時に親は、
「まだ小さい人は知らなくてもよいの、もうすぐ大きくなればわかることなのよ」
と軽くあしらわないで、質問にはうるさくても親切に答えてやってもらいたい。根掘り葉掘りして質問することもあるが、その時もめんどうくさがらず答えてほしい。
ところで親にも答えられない質問をすることもある。
その時にどうすればよいだろう。
「あら？　むずかしいことを聞くのね、お母さんだってわからないわ。そうね、お母さんも勉強してからおしえてあげる」
と言って、その質問が非常に価値のある質問で、しかもむずかしい質問である

ことをその幼児の心によく認識させるのである。
　そして親もそれを調べるなり、また辞典をひくなりして答えるようにする。こちらが真剣に問題解決にあたった結果、むずかしい質問が理解できた喜びは一層大きいものがある。「勉強するわ」と言いながら、うっかり忘れてしまって返事をしないのは困るので、真摯にそのことに取り組む態度を幼児に知らせるようにしてほしい。
　いつかのことであった。幼稚園で3歳の男児が庭に咲いた美しいすみれの花を指さして、
「この花なんと言うの」
と聞いてきた。
　さっそく「三色すみれだよ」と答えようとしたが、もしまちがっていたらいけないと思って、
「そうね、先生がよく調べて、あしたお返事します」
と返事しておいた。そして家に帰って、植物図鑑を調べてみると、どうであろう、そのすみれは"三色すみれ"というのである。
　三色すみれと多くの人は発音すると思われるが、図鑑では三色すみれとなっている。
　なんでもないことであるが、幼児の質問の中で大人もおしえられることだってある。そして、その結果を幼児に報告した。われわれが、真摯な態度で臨むと新たなものが見えてくることもあるし、この真摯に取り組む態度こそが、幼児を次なる好奇心へと導くことになるのである。
　今言ったように、
「お母さんも知らないの、勉強しておしえてあげる」
という態度も一つであるが、もう一つは、
「あなたはどう思いますか」
と、幼児に発問をして、ものを観察する目をもう一つ深くするように心がけることである。
「お母さんといっしょに考えてみましょう」

第3章　気をつけたいことばの指導

といった態度で、2人で考えて答えを出してみることで、幼児は、このようなむずかしい問題を解いたという喜びに浸ることができる。

　親の答えは決して科学的な答えでなくてもよい。幼児が理解できる内容のものでよいので、科学的な知識があっても、幼児に理解できないものでは却って迷惑なことである。

　ある時こんなことがあった。

「先生、梅雨の雨ってどうして降るの」

　5歳児のクラスでの質問なのである。さあ、困ってしまった。先生にはその原因はよくわかっているが、幼児にはそれでは理解できない。そこでこのように梅雨の話をした。

「みなさんのおうちには、ガスコンロがありますね」

と言ったら、みんなは、

「はーい」

と答えた。

「そう、そのガスコンロの上にやかんに水を入れてのせて、火をつけると、しばらくすると、水が湯になりますね」

　これなら3歳児にもわかる。

「その湯が煮えたってくると、やかんの口から白い湯気が出るでしょう。その湯気の立っているところへ、冷たい大きなお皿をさかさにしておくのです。するとそのお皿のところからポトリポトリとしずくがおちます。それが梅雨のころの雨なのです」

と、話したのである。

　それを聞いて幼児は家に帰ってこの皿の実験をし、その報告を親から聞くことができた。

　梅雨の雨は皿をさかさにしたところから降る雨だと、大人になって思っている人はいないだろうが、幼児期においてはそこから科学する心が芽生えるのである。

　オホーツク海に起こった冷たい空気と、フィリピン沖に起こった温かい空気

- 46 -

とが空にあがって、日本列島の上でつきあたったとき起こるのが梅雨である。おとなはそれを知っていても、幼児期においてはこのような表現をすれば科学への眼も養えるのである。

2　わかることば

　先生はもちろんであるが、親も幼児に**わかることば**を使ってほしい。
　わかることばというと、やさしいことばという意味だけにとってもらっては困るのである。それも必要なことであるが、それだけではなく、大人の使うことばには、非常に早口でわかりにくいものがあるのではないだろうか。
　しかし、それに気づいている大人は意外に少ないのである。
　人間は感情の動物であると言われている。
　とくにわが子が失敗したり、あるいは何かをねだったり、ダダをこねた時の叱り方は、頭のてっぺんに血をのぼらせてかん高い声でどなる、というものになることがある。
　「どうしてこんなことをするの、ほんとうに何度言えばわかるの、うるさい子だこと」
とやってしまう。
　ところがその叱ることばが速く、目の前にいる幼児はなぜ叱られているのか、その内容がわからないのである。
　「いけませんよ」
と言えば、幼児は「はい」と言うだろう。その「はい」の返事を聞かないと親は承知しないから、幼児は慣れたもので、すぐ「はい」と言う。
　「いや」などと言えば、大変なことになることぐらいは百も承知しているからであろう。
　ペラペラとしゃべってしまって、そして最後に出ることばが「ばかっ」ということばである。その「ばかっ」ということばは案外ゆっくりと発声するから、幼児の心に残ることばは、この「ばかっ」だけになる。

第3章　気をつけたいことばの指導

　人間の対話や、話の中で一番印象に残るような発声は、1秒間に3音か4音を発すれば耳に残る。まして幼児であれば一つひとつをかんで含めるように、おちついて話さなければならない。したがって注意することばや、印象に残そうと思うことばは1秒間に3音か4音で発音すればよい。
　「ごくろうさま」
なら2秒位で言うとよいことになる。別にこうしたことばだけでなく、自分の名前を人に言う時には、
　「としお」
　「まさる」
とゆっくり言うと、相手の印象に残り易い。
　ただし、この速さで何十分も話をすると、聞き手が眠気をもよおすことになるのは確かであるから、一番大切なことばを1秒間あたり3音か4音で話すようにしたい。
　そうであるから、先の「ばかっ」と言うことばは、聞き手である幼児の耳にはっきり入らないほうがよいので、むしろその前の注意のことばをゆっくり言って理解させることが大切である。
　わたしたちは1日の生活の中で、1秒間に10音も15音もことばを出すようなことがあるだろうか。1秒間はオーバーとしても、3、4秒の時間に15音ものことばを出すことがあるだろうか、それを考えてほしい。
　あるのである。毎日ではなくてもある。どんな時かというと、素足に固い靴のかかとで足の小指でも踏まれた時はどうだろうか。
　また、静かにテレビを見ている夜半、突然近くで火事でも起こった時のことを想像すると見当がつくだろう。
　足を踏まれた時には、
　「いたーい、いたーい」
とゆっくりと言うだろうか。必ずといってよいほど、
　「いたい、いたい、いたい」
といたいの連続音で10音は出る。火事の時なら、

「かじや、かじや、かじや、早く逃げよう」
と15音は出るのである。

人間とはまったく便利なものであるといえる。

それではこのような10音や15音を発する時には、そのことばは速くて理解されないかというと、実はそうではない。このように15音も発する時には、必ず身ぶりがつくことになる。

「いたい、いたい、いたい」
と言う時は、相手の顔をみながら足のほうをいたわる動作がつくし、火事の時は、立ちあがってあわてて窓をあけるなり、表の戸をあけて近くの火の粉を見る動作がつくことになる。

もしもこの動作や身ぶりなどをなしにして、このような速いことばを発してみればどうだろうか。相手の方はきょとんとして、いったい何をしているのだろうかと不思議に思うだろう。

動作というものは自然にことばにつくものであるから、親が我が子にあわてて注意したり、叱ったりする時にはちゃんと表情や身ぶりがくっついていることに気をつけてもらいたい。

そうであるから、ことばをさらに強く発したり、語気を強めなくてもよいので、ゆっくりと話をしてやれば、その顔つき目つきで親は何を考え、何を話そうとしているかがわかるのである。

理解させようとしない上に、わからないことばを、それも速く話すのは、労多くして効果少なしというほかはない。

幼児に対することばは、ゆっくりと、そしてわかることばが第一である。

3 幼児に意識させない

どの親でもそうであるが、入園するまでの間に、あまり家庭においてことばをおしえることはないと思う。また幼児においても、入園するまでの間にことばをおぼえようと努力したこともないといえる。

するといったいことばは、どこでおぼえたのであろうか。

はじめは、一方的な親のことばを聞いているうちに、「ウマウマ」と言えば、茶碗を見るようになり、「ブウブウ」と言えば、表を通っている自動車のほうに顔を向けるようになって、だんだんことばと物とがつながるようになってきたのである。いつの間にか知らぬ間に、ことばを習得したといえるのである。

人間は生まれてから、ひと言ことばを話せるようになるまでは、10カ月から14カ月ほどかかっている。

そして適応期といって、ことばが一応整って、日常生活に必要なことばを話せるようになるのは、5歳から6歳であり、その頃のことばがことばとして活用されるのである。

シュテルンという心理学者は、ことばの発達を4つの時期に分けているが、一定のことばが使えるようになる前の段階である。参考のために記しておこう。

第1の時期（1歳〜1歳半）

1語文を用いる。

（ワンワン、マンマ、などのようなことば）

擬声音が多く用いられる。

（ブウブウ、ニャンニャン、などのことば。**幼児語**という）

用いることばの内容はきわめて狭い。

（家庭から外に出ないため）

第2の時期（1歳半〜2歳）

事物の名についての質問が始まる。

（とけい、でんき、などのことばを使って、その事物をさがす）

2語文または、数語をつないだことばを使うようになる。

（ゴハンほしい、おかしちょうだい、などのことばを使う）

単語の内容が増加する。

名詞のほかに、動詞や形容詞なども使うようになる。

（きれいなおかし、ちゃんちゃんおんも、などのことば）

第3の時期（2歳～2歳半）

　羅列文を用いるようになる。

　（ワンワン、あっち、きた、など思いついたまま述べることば）

　「なに」「どこ」という質問をする。

　（あれどこ、ウマウマなに、などのことばや、2語文のことばを用いてたずねる）

　動詞の変化ができ始める。

　（いった、いってしまった、などのことば）

第4の時期（2歳半以降）

　従属文が用いられ始める。

　（あっちへいって、ママといっしょにいくの、などのことば）

　「なぜ」「いつ」という質問をするようになる。

　（どうしてできる、いつかえるの、などのことばを使う）

　このように家庭における親、兄姉などからいろいろなことばを聞いて使う段階から、やがてそれを模倣して他人に向かって自己を表現するようになるのである。

　このあとに出てくるのに、発音の乱れというものがある。

　幼児の発音の乱れは、聞いているとほほえみたくなるようなことが多い。デパートの髙島屋の発音を、この時期の幼児は、はっきりと言えない。

　「日曜日どこかへいったの」

とたずねてみると、その中の何人かの幼児が、

　「ぼくらタカシヤマへいった」

と平気で言うのである。ほとんどの3歳児ぐらいの幼児はそうである。ことばの音が入れかわるのである。

　タカシヤマだけではない。「てぬぐい」が「てぐぬい」になったり、「こども」が「こもど」になったりすることもある。

　こうした音の入れかわりと一緒に、音が変化していくのもある。「せんせい」が「ちぇんちぇい」になったり、「てんてい」になったりもする。その他、「ちゃ

第3章　気をつけたいことばの指導

わん」が「たわん」、「かあちゃん」が「ちゃあちゃん」、「おさかな」が「おちゃかな」など、例はたくさんある。これらは**幼児音**と呼ばれている。

　おどろく必要はなく、ことばの発達の道順であるということを知っておかなければならない。

　これは一つの音が完全に発音できない時に起こることであるから、正常な言語活動に入ることができると、このような発音の乱れは消えていってしまう。発音の乱れというものは、だいたい就学前になってくると消えていくものであるが、中にはなかなかなおらず、8,9歳ごろまでこのような発音の乱れを残している子どももいる。そのような時には、よく観察してみて、知能に問題がないか、また発声器官が未成熟でないか、その点をよく考えるべきである。知能に問題がなければ、発声器官の未成熟さは、日とともに解決する問題であるので、その幼児の耳には、正しいことばを、それも口を大きくあけて発音するようにしたほうがよい。

　保育者が正しい発音をしていれば、別に問題はない。心配はいらないのである。

　正しいことばを、大きく口をあけて、正しく耳に伝えておくことを**耳習い**といい、将来正しいことば発音させるための一つの手段であるが、幼児には意識させないほうがよい。

4　耳習いとは

　ある園での講演のあと、話が終って応接室でやすんでいると、おばあさんが入ってきた。

「よいお話をありがとうございました。実は正しいことばということで、ちょっとおたずね申しますが」
と言って、たずねてきたのである。

「それは園で先生方がことばの教育ということを大事にしていただくのは結構ですが、標準語で孫が話しますと、わたしたちのように歳をとっているもの

にとっては愛情がうすくなりますが、どうでしょう」
と言うのである。
　孫が園から帰ってくると、
「おばあさん、ただいま」
から始まって、
「だめですよ、いけません」
「おやすみなさい」
などと、すべて標準語になってしまって、
「あかん」
「もうねよか」
などの地方語がすっかりうすれていったらしい。
　保育内容の「言葉」の授業で、幼稚園教諭、保育士を志望する学生に話をする時には、"耳習い"ということをよく語っている。
　標準語の修得もしてほしい。けれど幼児に標準語を使うことができるように指導することはよいことであるが、それより先に、その幼児に"耳習い"をさせることが大切である。
　"耳習い"というのは、その幼児に正しいことばに慣れさせることをいうのである。慣れさせるというのは、耳に正しいことばを入れておくという意味である。幼児に無理な注文をつけて、標準語を学ばせようとすることより、正しいことば、美しいことばを耳に入れておくことが大切である。"耳習い"することにより、やがて大きくなった時に、正しいことばが使えるようになる。
　幼児が赤ちゃんから、入園のころまでの間に身につけることばは、ほとんどが模倣からである。発声の模倣は生まれて9カ月か10カ月から始まり、単語の模倣は1歳ごろからであるといわれている。模倣にはおぼえようと思って模倣する場合もあるが、知らぬ間におぼえてしまう場合もある。初めは無意識のうちに模倣するのであって、次第にそれが意識的なものにかわってくる。
　模倣とは、2つのかたちがある。一つは反響語というものであり、もう一つは遅滞模倣というものである。

第3章　気をつけたいことばの指導

　反響語はその場ですぐ繰り返すことである。幼児にはなんでも模倣する時期がある。2歳半ごろは他人のことばをまねてすぐ自分のことばにする傾向がある。
　「あついお茶だね」と言うと、おうむ返しに「あついお茶だね」とまねるようなことがあって、すぐ繰り返すのである。
　しかし、ことばを伸ばすためには、これだけでは完全ではないので、できるだけ記憶に残すように考えなければならない。
　反響語はすぐ使うけれど、そのかわりすぐ忘れてしまうことがある。それだけではことばの発達につながらないので、時間をおいてから使うようにしむけることが大切であり、ことばを蓄えるようにしたほうが、ことばはさらに伸びることになる。そこでいつも正しいことばを、幼児の耳に入れておくのである。
　それが"耳習い"ということで、幼児の前にいる保育者が正しいことばを使って、幼児の耳に慣れさせることが大事なのであるといえる。その"耳習い"が徐々に蓄積されて、やがて正しいことばが使えるようになるのである。
　言いかえると、ことばの保存ということであって、よほどの悪いことばでないかぎり、幼児のことばを訂正したり改めたりしなくてもよい。
　いつも我が子に向かって、「このがきめ」と荒いことばで呼びつけている親がいた。おそらく何人もの兄姉がいたのだろう。どの子にも、この子にも「このがきめ」と叱っていたのであろう。
　たまたまその母親が、診療所に出かけて内科検診を受けることになった。その日、一番末っ子も、母親にねだって診療所へつれていけというので、その母親はその子に言ったのである。
　「あのね、先生の前にいったら、お母さんが坊やと言うからハイと返事をするのよ」
とおしえたのである。母親につれていってもらえるので、その子は「ハイ」と返事して診療所についていった。
　さて診療所で母親が検診を受けている間、その横で待っていたが、あまりにも診療時間が長いのでいたずらを始めた。そこらの診療の器械をさわっている

と、母親が「坊や、やめなさい」と注意したけれど、その子はなかなかやめようとしない。「坊や、坊や」と何度も呼んだけれど、坊やと言うことばなど"耳習い"していないので、さらにいたずらをつづけている。母親が見るに見かねて、「このがきめ、いたずらをやめんかい」と言ったら、その子はすぐさまいたずらをやめたというのである。

　平素から、"耳習い"がないことばは記憶の中にない。「このがきめ」がいつも"耳習い"していたからなのである。

　周囲の大人が、正しい"耳習い"をさせておくことが大切なので、正しい発音や発声の訓練よりこの"耳習い"の方が、よほど意義があるといえる。

5　模倣する時期を大切に

　すべてのものには名前がある。

　考えてみると、名前のないものはわたくしたちの周囲にないはずである。大人はそんなことを考えないで暮らしているが、1歳半ごろから、2歳ごろにかけて、すべてのものに名前があることを知るのである。

　その証拠に、なんでも自分のまわりにあるものに対して質問をするようになる。

　「これなあに」

などとはっきりことばでたずねることはないが、「あっあっあっ」と言ったり、「ウッウッ」と言ったりして、大人の前にその品物を持ちだしてはたずねるようである。

　一つのおもちゃをもって見てそれを動かしながら、「あっあっあっ……」と言って大人の目の前に持ってくることがある。

　これなどは、自分でそのものの名前をつけようとする働きであると見られる。そんな時大人は、

　「そうね、これはお人形さんよ」

と言って答えてやるようにしたい。「なんという名前なの」とたずねているの

第3章　気をつけたいことばの指導

である。

　このような時期には、一つ名前をおぼえると、丸いボール、それも色のついている赤いボールなどを「ボール」とおしえたところ、まっ赤なリンゴをみても「ボール」と呼ぶことがある。

　非常に自己中心的であって、特徴が共通であると、同じように名前をつける。これが命名期の特徴である。

　そして1語文の「ウマウマ」だけであったことばが、2語文となって、「ウマウマ、ホチイ」といったことばも使えるようになってくる。早い幼児では3語文も使えるようになる。「ウマウマ　モット　ホチイ」なども言えるのである。このような2歳のころは依存期であって、もっぱら大人に依存するし、それも母親に依存することが多い。父親とあそぶことはあっても、いざとなるとやはり母親である。母親のひざによりかかり、その手に抱かれて父親とあそぶこともある。

　しかし、なんでも大人の言いなりになるというのではなく、時には反抗したりすることもある。

　外に出かける時に、何かを着せようとすると、「いや」と言うから、もうひとつ別なものでも着せようとすると、また前に着せたものを着るという。これなども自己主張であり、大人の考えと自分とは別である、ということであって、自主・独立性がちょっぴりのぞき始めた時期であるといえる。だんだん協調的になってくるから別に心配はいらないだろう。そして2歳のころには、ことばも300語ぐらいに増えてくる。

　さらに2歳から2歳半ごろにかけては、自分の思っていることが、徐々に言えるようになってきて、自分の知っていることばをなんでも羅列する時期に入る。文法をしらないから、頭に浮かんだものから順序の別なく羅列するのである。

　その次に模倣期がくる。

　園でも3歳ぐらいの幼児と話をしていると、

「すなばのおどうぐが、ないていた」

と言う。
　何でもないことで、自分が1人家のなかで泣いていたことを思いだしていて、何でも自分のものにしてしまうのである。
　「なぜ」という質問もよくするようになる。こんな時の大人の受け答えが大切である。「なぜ」と聞くのは、自分との関係を知ろうとしているということであって、自分とどのようなかかわりあいがあるか、それを知りたがる時期であるともいえる。
　「あなたには、まだわかりっこないの」
などと簡単に葬ってしまってはいけないので、
　「そうね、それはねぇ」
といったふうにあたたかく答えてやってほしい。それがことばを伸ばすコツである。
　すなわち自分のまわりのものから目を外に向けてきたということであって、何でもなかったものが、幼児の目に大きくうつりはじめた証拠であるといえる。絵や絵本などに対しても、「なぜ」とたずねるようになる。そんな時には、一つひとつ親切に答えてやってほしい。
　「うるさいわね、つべこべと」
などと言うのでなく、質問の相手になってあげることである。
　また一方では、文章もやや複雑になってくるので、多少文法的にまとまりもみせるようになる。
　大人の使っていることばを、何かのことばのはしにつけ加えて、さも得意そうな顔をしている場合があるが、これが模倣期の特徴である。
　何かしらちょっとだけ大きくなってきた感じがするが、そんな時、大人が笑ったりひやかしたりなどすると、何でもないことであるが、その時から話をしないことだってある。
　「そう、よくお話ができるのね」
とほめてやってほしい。

6　経験を豊かに

　幼児の言語発達の中で、とてもおしゃべりになる時期がある。
　これは4歳をすぎたころである。園庭で園児とあそんでいると、すぐ横にやってきてしゃべる。クイズ的なことばあそびもこのころにはとくにさかんである。
　1人の幼児がやってきた。
「先生、よそのおうちからケーキをいただいたの。それはどこにしまっておくと一番よいと思いますか」
　実にすらすらとしゃべるのである。
「さあね、それは冷蔵庫にしまっておくとよいと思うね」
「ちがう、ちがう」
「それならどこなの」
「先生、おしえてあげようか、それはおなかの中にしまうとよいと思います。わぁ、先生知らんの」
と言って、また園庭であそんでいる。するとまた別の園児がやってきたのである。
「先生、スコップで穴をよいしょ、よいしょと掘るとどうなりますか」
また質問である。
「そうね、穴はだんだん深く掘れていきます」
「わぁ、やっぱり知らはらへんなあ」
「それは、疲れます」
　なるほど、そのとおりである。このように園庭であつまって矢つぎばやにしゃべっているのは、4歳児に多いのである。
　おしゃべりは、このころの幼児のあそびである。
　いわゆる話しことばというものが、徐々にまとまってきていることを表す時期であるといえる。そうであるから知っていることば、おぼえたことばを使っ

てみたくて仕方がない時である。それでこのころの幼児の言語発達段階を多弁期と呼んでいる。

　このような時期の幼児に対しては、できるだけ経験を豊富にするように考えなければならない。
　「お母さん、どうして木の葉っぱが散るの」
などと聞かれると、母親はつい理科の時間におぼえた知識で話そうと考えるだろうが、別にそのようなことはしなくてよい。
　「そうね、ほーら夏の間に木の葉っぱはお日さまにあたって、涼しいかげをつくってくれたでしょう。だから寒くなってくると、疲れたなあ、と言って散っていくのよ。ほーら窓をあけて庭の木を見てみましょう」
と話をすると、夏の木のかげのことを思い、秋に散っていく葉っぱのことを現実にみて、経験を豊かにしていくのである。
　親はよく、「あとで」ということばを使う。
　幼児が真剣な顔で何かを報告しようとして、炊事をしている母親のところにやってきた。
　「お母さん、あのねー」
と言ったとたん、
　「今いそがしいの、あとで」
と幼児のことばを切ってしまう。幼児は何とかして、母親に話したい心でいっぱいであるのに、
　「あとで、今いそがしいの」
と実に簡単である。そして炊事が終わった時に、
　「さっきのことは、どんなことなの、お母さんに聞かせて」
と言うのならまだよいけれど、たいてい「あとで」はその時だけで終わってしまっている。
　多弁期の幼児は、何でも話したいのである。ちょっと手を休めて、
　「お母さんに話してくれるの、どんなことなの、聞かせてちょうだい」
と言って、幼児の顔をのぞき込んでほしい。母親の目と幼児の目がピッタリ

あった時には、いきいきとした話が出るはずである。
　取りあげ方がじょうずであれば、幼児はいくらでも話したいと思うのである。まして多弁期の幼児であるから、話すことの中味をよく聞いて、その取りあげ方に心を向けなければならない。
　話をしてほしいとせがむのもこの時期である。
　そうであるから多弁期の幼児は、さかんに話をしてくれとせがむようになると思うので、そのような時に、親や先生は話をしてやってほしい。このような時期の話は、まとまった話がよいのである。経験をとおして、それが話すことにつながるような話がよい。
　まとまった話をしている時でも、この多弁期の幼児は、よく理屈をいうのである。
　「どうして、それがいけないの」
　「なぜ、もらってはいけなけいの」
などと言うのであるが、大人はつい腹をたてて「だめよ、そんなことをいうのならやめるわよ」などと、かんしゃくを起こさないようにしたい。

7　幼児のことばには原因が

　3歳から4歳にかけては、とてもことばが発達する時期である。
　3歳ごろまでは、ことばをおぼえようとする時期であったが、このころからことばを使うようになってくる。しかし話す相手は、親しいものだけに限られ、家庭の人々や園ならば担任の先生などが主である。
　ことばに身ぶりや動作を伴うことが多い。
　「先生、あれかして」
　「ママ、あの早くあれとってきて」
などと言う時には、手をふったり身体をゆすったりして話すようである。しかし話の形態は次第に整いはじめてくる。それでこの時期を成熟期と呼んでいる。
　このような時期には、話に行動をつけてみるのも一つの試みである。

「さあ、おにぎりをにぎってみましょうか。はい、手を出して、水道のせんをひねってみましよう」（手で動作をする）

「はい、手を出して、水道の水できれいに洗いましょう」

「そして手をタオルでふいて、その上にちょっぴりお塩をのせて、ほーら手のひらいっぱいにお塩をのばしましょう」

「その上に、あついご飯をのせるのです」

「あついから、ふうふうと息をかけてひやしましょう」

「さあ、つめたくなりましたよ。そのご飯の中に小さな梅ぼしを入れて、これからにぎるのですよ。はい、ぎゅうぎゅう、ぎゅうぎゅう、かたくにぎれましたか」

「一つできましたね。こんどは、もう少し大きいおにぎりをつくりましょう」

「はい、また水道のせんをあけて、手をぬらして」

一つひとつに動作をつけるのである。

また繰り返して、おにぎりを大きくしたり小さくしたりして、いろいろとつくってみる。すると、このようにおにぎりをつくることの順序もさることながら、一つの行動を通した生活指導もできることになる。

こうした行動を通した話であると、**3歳児**もよく聞くのである。3歳児の場合、その話を聞いていられる時間は、きわめて短い。その担任の保育者でも**3分から5分**ぐらいであって、2学期になって、ようやく7,8分ぐらいが限度であるといえる。

そうであるから家庭において、親が話す時には、そのコツをよく考えて、できるだけリズミカルなことばを用いたほうがよい。その上ことばを理解する範囲が狭く、自分が直接経験したことや、印象の深かったことに関連づけて理解することが多いし、話の途中でも、「あのう、ぼくなあ、きのうどうぶつえんいったの」と、印象に残っていることをしゃべることもある。

3歳児がよくクラスで話している時に、キイキイ声や、かなきり声をたてているのを見かける。これなどは、声の大小、強弱の調節ができないためである。興奮でもした時には、わめきたてることもあるのは、部屋の大きさや人数など

第3章　気をつけたいことばの指導

がわからないのではなく、声の調節ができないからである。
　こうした成熟期がすぎると、多弁期という時期になる。
　まったくその通りであって、幼児は4歳になると、おしゃべりになるのである。4歳児になるとしゃべること、しゃべること。それというのも話しことばの基礎的なものができかかってきた時期であるから、それを使ってみたくて仕方がない時期といえる。
　とくに語彙の増加が目立つのである。
　3歳のころは、大勢で話を聞くことが少ないが、4歳児になってくると、ある程度の人数で話が聞けるようになるし、また聞く時間も長くなって、5分から10分ぐらいの童話なら大丈夫である。ままごとあそびや、おもちゃを用いてあそんでいる時に、
「そう、ママがおるすなの。1人でおるすばんをしているの」
といったふうに、1人で話してあそんでいるのを見かける。
　おしゃべりな時期であるから、1人でしゃべってあそんでいる。
　おばあさんや、おじいさんがよく、
「どうも、幼稚園にいくようになってから、口ごたえしたり、悪いことばを言うようになったね」
と言って、4歳児を見ることがある。これなどは、ある程度まとまった話ができるようになったことと、自分の思っていることをほかの人に伝えることができるようになったことを表すもので、園でさまざまなことばをおぼえてきたことをむしろよろこぶべきである。
　このころのことばや行動をよく見ていると、そこに何か原因があることを大人は知ってほしい。
「お母さん、わたし、きよ子ちゃんというなまえにかえて」
めぐみという4歳の子どもが、家に帰ってそう言ったのである。
　これはどういうことかというと、最近遠いところから転園した幼児があった。その時先生は、
「今度、ほかの園からきよ子ちゃんが入園してきたのよ。みんなお友だちに

なってあそんであげるのよ」
と言って、きよ子ちゃんの頭をなでたそうである。平素あまり頭をなでてもらったことのないめぐみちゃんは、きよ子ちゃんという名前にかえてもらうと、頭をなでてもらえると思ったのである。

　こんなところに原因があるので、大人はそんなことを考えずに、「だめよ」などと言わないで、その原因のあることをよく知るべきである。

　5歳児になると、適応期といって自己中心的な話し方はしなくなり、話の相手に応じた話をするようになって、話の仕方ができあがるのである。新しい話を聞くことが好きになり、話の内容や筋道も理解できるようになってくる。集中できる時間も10分から15分ぐらいまでにのびてくる。会話やお話の中でのしゃれやユーモアもわかり始めるのがこのころである。

8　おしゃべりとことばの乱れ

　3歳から4歳にかけては、幼児の話しことばは、一応成熟してくる。このころはとてもことばの発達がさかんで、3歳ごろからは、900語ぐらいであるのに、4歳になると、その倍の1600語ぐらいになるのであるから、すばらしい伸びかたである。

　そうであるから、ほかの人との対話や、会話もだんだんできるようになってきて、

「おばさんどこの人、どこからきたの。お母さんいないので、わたしひとりお家で待っているの」

などたずねてもいないことを、よく話すのである。園などでも、

「先生、なぜネクタイしているの」

「わたし、きょう新しいくつはいてきたの」

などとまるでひとり言のように話してくるのは、3歳児から4歳児である。この時期をことばの成熟期といっている。

　4歳で入園してしばらくすると、親は大変なことになったと、思案すること

第3章　気をつけたいことばの指導

ができてくる。それは入園して1カ月もすぎてくると、幼児がいろいろなことばを使うので、おどろくことがある。何でもない時に、
　「パパの、あほー」
などと家で使ったことのないようなことばがとびだしてくる。ちょっと母親が叱ったりすると、
　「お母さんなんか大きらい、出てって」
など、びっくりするようなことばを平気で使う。
　「パパ、幼稚園にいってから悪いことばをおぼえてきたようね」
　「そうだね、乱暴なことばを使うじゃないか。入園させたのが、マイナスだったかな」
と若い親なら、ひそひそ話をして心配することもある。
　この時期は、このようにおぼえたことばを、次々と使う時期である。
　「あほー」などのことばは、わが家では使ったことがないと自慢している家庭の幼児が平気で使うのであるから、おどろくのも無理はない。知ったことばは、何度も使いたくて仕方がない。そこでわけへだてなく使うのである。
　人間はことばによる文化によって、今日の生活をつくったのであって、10年前の人間の生活と、10年後の人間の生活とをくらべてみると、その異なりの大きいのにおどろくだろう。それはことばによる文化によって、いろいろな機械をつくり、思想をつくり、今日の生活をよりよくしたためである。ことばは文化をつくるのに大きな役割をもっているのである。
　そのようなことからすると、ことばは、文化的生活をする基盤であるということができる。そうであるから、いろいろなことばを知り、いつでも自由に使うことができる人間であったほうがよいし、文化人であるといえる。
　雀や鳥にことばがあるならば、その巣のつくり方も昔と異なっていたはずである。
　そこで幼児が園でいろいろな新しいことばをおぼえてきても、それは多弁期の時期に表れる現象であって、もしその家庭に添わないことばであっても、それをとりあげてやかましく幼児を責めることはやめるべきである。親がとり

あげて問題にすると、幼児はよけいにスリルを感じることになる。
　「なるほど、これはおもしろい。自分の使っていることばは、なかなか興味があることばらしい」
と思うと、そのことばは、ますますさかんに使われるようになる。したがって家庭では、新入園児が新しいことば、とくに好ましからざることばをおぼえてきても、叱責しないことである。あまりしつこく悪いことばを使うようなら、
　「あら、そんなことを言うとおかしいね」
と軽くあしらっておくことである。
　このころの幼児のことばを聞いて、語彙の豊富さ、そして話すことばの内容の整い方、盛られた内容の量などをよく知って、うちの子は、言語能力が伸びる過程であると思えばよいので、よくしゃべるからといってすぐさま知識と結びつけないようにしてほしい。
　考える力、想像する力がどんどんできてくる時期であるから、必然、話を聞いて理解することもできるようになり、またことばを使うことも楽しくなってくる。
　そして5歳になると、4歳のころのようにむやみにしゃべることが少なくなってきて、話す人に適応した話をするようになる。
　この人に話しているのだ、という心構えで、その人に適応した話をすることができる時期で、適応期と呼んでいる。
　経験が豊富になってくるから、話の中味も整ってくるので、話の省略、あるいは表現を楽しくするようなこと(ことばのユーモア、しゃれなど)もできるのである。このため、親は我が子の成長ぶりにおどろくことがある。
　「パパ、入園させてよかったわね」
と4歳の時とは逆に、喜びあうのもこの時期である。

第4章 大切にしたい幼児のことば

1 珠玉のことばを捨てないで

　園児をつれて動物園にいったときのことである。それぞれの動物の檻(おり)の前を手を引いてまわってみた。そのときの園児との対話を歌につづってみた。
　「カバのお口は大きいな」
と言ったら、園児の1人は、
　「先生、あんまりあくびをしたからよ」
と言った。
　そこでただちに歌をつくってみた。
　「カバのお口は大きいな／なぜでしょうか、なぜでしょうか／あんまりあくびをしたからよ」
と園児の前で口ずさんだ。すると園児たちは、この歌を聞いてとても喜んだのである。たのしい動物たちが目の前にいるし、自分たちの発表がそのまま歌になるということで、園児たちに興味が出てきたらしい。
　次はキリンの檻のところである。
　「キリンのお首はながいな／なぜでしょうか、なぜでしょうか」
と口ずさむと、次に出たのは、
　「あんまり背のびをしたからよ」
とまた園児がつづってくれた。心に映えたそのままの感じである。このように心に映ったものをそのまま歌としてつづり、さらにそれが作曲できたときには、どれだけ幼児が喜ぶことであろう。
　それから動物園のあちらこちらをまわっているうちに、
　「象のお目々は細いな／なぜでしょうか、なぜでしょうか／あんまりおねぼうしたからよ」

とこれをみんなでつくって、そのつぎに熊の檻のところに行った。
　ごろり、ごろりと横になっている熊の背中はかなりよごれていた。そこで、
「熊の背中は黒いな」
と口ずさんだ。園児たちはどのようなことばを口にするかと思って顔をみると、1人の園児が言った。
「あんまりおすもうしたからよ」
と言うのである。金太郎のあの足柄山の熊とのすもうのことを思い出したのであろうか。
　実に、園児たちは素朴なままに、その動物の習性や特徴をよくとらえていることがわかる。
　ところがその次のしま馬のところである。
「しま馬の背中はしろとくろ」
と言ったけれど、そのあとのことばが続かないのである。
「先生、ぼくたちできへんの、先生つくってちょうだい」
と言った。
「さあ、どうしましょうか、それでは先生があとで考えてつくってあげるから、きょうはこれで帰りましょう」
と言って帰ってきたものの、このしま馬の歌だけはきょうまでつくっていない。園児たちの期待を裏切ったことになって申しわけないと思っている。
　このように幼児の発表することばをつづって、歌にするようなことをしてやればどれほど喜ぶことだろうか。
　このようなことは歌だけではない。幼児は、ときどきまるでひとりごとのように、すばらしいことばを発することがある。そんなときには、そっとそれをメモしておくとよい。決してうるさがってはいけない。まるで珠玉のようなことばが発せられる。
　エプロンのポケットに手帳を入れておこう。
　そっと耳もとでささやくこどものことばが美しくひびくときには、そっと書きこんでおこう。

七夕まつりの日に園児たちと対話した。
「七夕まつりの夜、お空のお星さまになにをねがうの」
とたずねると、園児たちは口々にいった。
「ご飯をよく食べるように」
「背が高くなるように」
「頭がよくなるように」
「病気をしないように」
「勉強がよくできるように」
なかなか現実的なことばである。おそらく家ではいつもこのようなことを親から聞いているのであろう。
そのとき受けもちの一人の先生にたずねてみた。
「〇〇先生は、お星さまになにを訴えたの」
とたずねると、その先生が言った。
「あのね、よいお嫁さんになることができるように」
園児たちはどっと笑った。このひとことで七夕まつりがとても盛りあがった。
このようなことばを園児の前ですーっと出せる先生の素直さも大事である。

2　感動にこたえることば

大人には聞きなれた、あるいは見なれたことであっても、幼児にとってはすばらしい発見や発言であることがよくある。
そういったことを大人が幼児とともに感動することがどれだけ幼児の心に、新鮮な感動を呼び起こさせることになるだろうか。それをよく考えることである。
近所の門前に赤犬がうろうろしている。いつも見かけたことのない犬であるから、幼児にとっては不思議であるにちがいない。そこであわてて外から家に帰ってくると、

「ママ、たいへんだよ。大きな赤犬が門の前をうろうろしているの」
と報告すると、母親はどうであろう。
「そら、犬ぐらいいるわよ」
　まったく知らぬ顔でとりあげてやらないのである。まったくなんの感動もなく葬ってしまっている。
　夕立がさっとあがって虹が出る。
「お母さん、きれいな虹が出ているよ」
「そう、夕立のあとだからね」
　顔色一つ変えないで、通りいっぺんの返事である。
　なにもなかった空に黒い雲がいっぱいひろがって、やがて雷がなる。そして稲光りがして夕立が降る。それがさっとあがってしまうと、あとに虹が出る。そんなことは大人にとっては、これまで何回となく経験していることであるからおどろく必要はないのであろう。
　そうであるからといって、
「夕立のあとだからね」
と言う返事では困るのである。
　このような幼児の感動をうけとって、ともにその不思議に対しておどろく心の豊かさがほしい。
「まあ、美しい虹なので、お母さんにおしえてくれたの。虹はどうしてできるのかな、そしてどんな色があるのかな。お母さんといっしょによーくながめて、おしえてちょうだい」
　こんな時は、母親も台所の仕事をやめて、窓でもあけるか、外に出て一緒に虹をながめるくらいのひとときがあってほしい。虹を見ることなどは幼児にとっては、おそらくまだ2,3回の経験であろう。その発見を大人は強くうけとめて、その感激をさらに二倍にも三倍にもして、幼児にかえすように心がけなければならない。
　幼稚園の始祖であるドイツのフレーベルは、
　　子どもの質問をむやみにしりぞけないでほしい、子ども自身が、自分の力

第4章　大切にしたい幼児のことば

　　で答えをみつけるように、そのために最少限度の示唆をあたえるように。と言っている。
　このような感動というものは、つぎの段階にすすむひとつの道順なのであって、いくら感激しても大人が少しも感激もせずとりあげないとなると、今後幼児はなんの興味もたのしさもわいてこないことになる。
　幼児は、はじめて経験することに真剣である。
　それというのも、あそびと生活とが一体となっているために、大人があそびと思っていることでも真剣になっている。勝ったり負けたりすることにも、とてもこだわることが多い。
　大人はそんなことをしているととても繁雑であり、うるさいことがつきまとうので、
「もういいの、やかましいじゃないか」
と最後は叱って終わってしまうこともある。
　あるとき急行電車に乗ったときのことである。
　両親と子どもづれの一組が乗ってきた。
　席をとると、まず父親が言った。
「これからつくまでに、行きちがいになる電車がいくつあるかな」
と興味深い感じで話をした。
　すると幼稚園に通っているような幼児が、
「お父さん、10台ぐらい」
とすぐさま返事をすると、父親は、
「もし当たったら、いいものを買ってあげるから。父さんは15台ぐらいと思うな」
とすぐさまことばを足した。
「ぼくが当たるにきまってらぁ。いいもの買ってね」
「よし、よし」
　父親と幼児は約束したのである。その幼児の目はかがやき、父親に負けるものかといった顔つきで窓から外を見ていると、やがて電車が発車した。

そしてほんの2、3分すぎると、早くも向こうから電車が走ってきたのである。
　「お父さん、1台きたよ」
　その幼児は真剣にすれちがう電車をかぞえている。
　発車して15分もすぎると、もう6、7台の電車が行きちがったのである。
　「お父さん、もう6台や」
　幼児の声がだんだん大きくなってきた。
　そのころは父親と母親とは話題をすっかりかえて、電車の行きちがいなどはもう問題ではないらしい。幼児は、
　「お父さん、もう9台きたよ」
と喜んでいるところに目的地についてしまった。すると、突然父親は、
　「なにをそんなにやかましくいってるんだい、ついたじゃないの」
とさっきの約束はもう忘れているらしい。
　「お父さん、もう1台で10台になるから、ぼくが勝ったよ。いいもの買ってね」
と言ったら父親は、
　「やかましくいわなくてもよろしい、早く降りなさい、電車ぐらいどうでもいいの」
と言ってさっさと手を引いて降りていったのである。
　幼児の真剣さをいったいどこにやってしまったのであろう。
　大人は幼児の訴えにもっと真剣になって聞いてやることも大切で、それに対する答えも出してほしい。

3　じょうだんと皮肉

　いかなるときでも幼児にしつけをつけるときには、叱ることよりほめることを先にしなければならないことはよく理解していると思う。
　不注意でガラスを割ったときでも、ひとこと「怪我しなかった、よかった」と言ってから、

第4章　大切にしたい幼児のことば

「気をつけるのよ、お部屋でそんな大きいものをふりまわすと大変よ、外でならいいけれど。ガラスはお父さんに言って入れていただくから、これから気をつけようね」
と言って、その幼児がほっと安心したら、
「つぎからいたずらはやめよう」
といった心をもたせるようにすることが、しつけの大切なポイントであるといえる。

よく言われることであるが、"叱る"ということはいけないとはいわないが、"怒る"ことはやめなければならない。なぜなら怒るということには感情が入るからである。

世の親たち、とくに母親は我が子のこととなると、よい意味でも悪い意味でも感情が先に立つことがある。
「あーらだめよ、何度言ったらわかるの、この馬鹿」
これではいったいなにをしつけようとしているのかわからない。

叱るということは、その子をよりよくするためのねがいと、愛情がこもっている前向きの姿勢であって、怒ることはむしろ子どもにとってはマイナスになりがちである。

ところでほめることを先にし、叱ることをあとにすると言ったが、ことばを育てるときに、逆の結果になる場合があることに注意しなければならない。

マー坊という大変おとなしい子の話である。

その家庭では家族のみんなが食事後、テレビを見ながらの団らんのひとときであった。

とつぜんテレビの画面を見て、
「パパとママはれんあいなの」
と大きな声で言ったのである。

まったくのとつぜんであったのと、4歳の幼児の口から恋愛などという大人のことばが出たことで、家族中のものが、おどろきとおもしろさでどっと笑ったのである。

当のマー坊はなんの気なしに言ったのだが、大人はおどろきと感心が交錯して笑った。その時、おどろいたのはマー坊である。とたんに口を閉じてしまって、あとはまったくひと言も発しなくなったのである。
　マー坊は大きな侮辱とでもうけとったのであろう。その次の日もいっこうに話そうとはしない。次の日もそしてずーっと話すことを好まなくなったのである。
　成熟期ということばが整いはじめる時期に、このようななんでもないことがショックになることがある。
　園でもよくあることで、だいたいにおいて月曜日には、前日の日曜日における生活経験を発表することにしている。
　たまたま１人の幼児が、前日の自分の経験を話したときに、クラスの全員がどっと声をあげて笑った。そのことがあってからよく話をする幼児であったのに、無口にかわってしまった。このような例はよくあることである。笑ったり、ほめたりすることはよいことではあるが、みんなが笑うということで逆に無口になってしまったのである。
　しかしこのようなことはなんでもないように思うが、笑われたということが、よきにつけ悪しきにつけ影響することに気づくべきであろう。
　ほめることから先にしてほしいと前述したが、大人にはよくあることだが、皮肉なものの言い方をすることがある。
　台所を手伝っていて、茶碗をおとして２つに割ったときに、
「ありがとう、よく数を増やしてくれて」
などということがある。このようなことばは、とても心にこたえることばで皮肉たっぷりである。
　それを幼児に平気でいう親がいる。いたらずらをしたときでも、
「いいのよ、もっとやってちょうだい、お母さんはうれしいのよ」
とでも言うなら、幼児のなかにはほんとうに母親がうれしいのかしら、それならもう１回と思う幼児もいるのである。
　幼児には大人の皮肉やあてつけのことばは絶対通じないと思ってほしい。

園にきている1人の幼児に最近弟が生まれた。きのうまで長男として両親からちやほやされていた幼児であったのが、弟が生まれてからの母親は、生まれた赤ちゃんの方に手がかかって、上の子には一向に手をかけてやらない。
　「お兄ちゃんだからひとりでできるでしょう」
　「お兄ちゃんだからあちらにいっていらっしゃい」
　なすことすべてこのような態度であると、長男や長女のなかにはねたみの心がわいてくることもある。おとなしい子が園で目立つような乱暴をすることもあるし、家庭でも同様である。
　そんなときに生まれたての赤ちゃんがあまりよく泣くので、つい、
　「ほんとうによく泣く赤ちゃんだこと、たたいてあげようかしら」
などとじょうだんのようなことばを、不用意に上の子の前で話したのである。
　そのあと母親が買い物に出かけたとき、上の子はもの差し棒でその赤ちゃんのほっぺを、あざのつくくらいたたいたのである。
　ぎゃあぎゃあ泣いている赤ちゃんの声を外で聞いて家に入ってくると、上の子が赤ちゃんをたたいている最中である。
　じょうだんも、皮肉も幼児には通じないことを知ってほしい。

4　幼児には幼児のことばを

　職員室の椅子に座っていたら数人の女の子が入ってきた。5歳の年長児である。
　「先生、だっこして」
といって膝の上にのぼってきた。
　いろいろお話をしているうちに、その1人の女の子が、
　「わたし〇〇ちゃんと結婚するの」
と言うのである。すると横にいた女の子がみんな、
　「そうや、〇〇ちゃんと結婚しやはるの」
と言って、どうやらこの結婚をみんなで祝福している感じである。

「だれか先生と結婚しないかな」
と言うと、その女の子は、
「わたししていいのよ」
と言った。
そこで、
「いったい結婚というのはどんなことなの」
と聞きかえしてみた。
「あのね、チュウすることや」
と言った。キスの場面をテレビで観たのであろう。
「ふうん、チュウするのが結婚やな。ほかにどんなことが結婚やと思う」
とまたたずねてみると、
「あのね、ほーらこうしてお手々つなぐやろ、それからね、あの舞台の上を歩くの、それが結婚や」
と言う子がいた。

舞台のエプロンステージのところを、フィナーレで若い男女が手をひいて歩いていくのを結婚だと思ったのかもしれない。事実フィナーレはハッピーエンドで、若い2人がしあわせをつかんでゴールインするときの様をいうのであろう。幼児のとらえかたである。

そこでいちばんはじめの○○ちゃんと結婚するの、と言った女の子に、
「先生と結婚するか」
と言うと、その女の子は「うん」とうなずいたが、そのときに横から女の子が、
「あんた、そんなことしたら○○ちゃんと離婚するの」
と言ったので、わたしの心はじーんといたくなったのである。

5歳の女の子が離婚ということを知っているのである。いらぬことを聞くのではないが、次に、
「離婚ってどんなこと」
と聞くと、
「あのな、お父さんと、お母さんとが別れはるの」

第4章　大切にしたい幼児のことば

と言ってはずかしそうに外にかけていってしまった。どこで知ったのであろうか、大人のことばや、内容まで理解しているのである。このごろの幼児は早熟であるといって笑っておられぬ問題である。

こんなことはテレビのせいですよ、といって無関心ではおられないと思うが、いったい家庭でこのような離婚といったことばをだれが使うのであろうか。大人は幼児の前では聞かせてはならないことばを、平気で使っていることに気づいてほしいのである。幼児はなにも知らないだろう、まして、なにを言ったってよいだろう、と簡単に考えてもらっては困るのである。幼児は新しいことばにとても興味をもつのであって、興味をもてばそれを使いたがるものである。

ことばを知らないことより、よく知っていることのほうがよいが、それだからといって、おとなの使うことばを幼児が用いてもよいということはない。幼児には幼児のことばがあるはずである。それをすなおに使えればよいのである。

あるときこんなことがあった。

正月に親戚にいったときのことである。幼稚園児か小学1年生ぐらいの子どもである。正月のことだからお年玉をあげようと思っていたので、その子の名を呼んだのである。

「〇〇くん、お年玉をあげよう」

そういって、ポケットから財布をとり出して、札を1枚、2枚と調べていると、その子は言った。

「おじさん、あまり無理せんかていいよ」

なんでもないことばであるが、1年生や幼稚園の子どもが使うことばではない。まさにおとなが使うことばである。

テレビのおかげで、4歳、5歳の幼児が平気でおとなのことばを使うのである。意味の知らないことばでも、おもしろければどんどん使っている。

テレビのなか、とくにコマーシャルでは新語がどんどん使われている。新語が全部悪いとはいわないが、ただし次のようなときにはあまり使わないほうがよいと思う。

たとえば、その新語が行動を伴ったことばであるとき、へんなかっこうをしなければ、その新語の意味が通じないようなときには、使わないほうがよいと思う。
　ある種の思想や行動をあらわすようなことばであれば、これも使わない方がよいといえる。また性的なことを意味したり、行動を示すものであればなおさらのことである。
　このような場合は、幼児は使わないほうがよいが、しかしこの新語を使うことで、すぐさまその内容がわかる場合があったりすると、使うことによって案外理解が早い場合もある。
　「残念でした、またどうぞ」
などのようにあっさりと用いると効果があがるようなことばは、案外用いることによって雰囲気が出るかもしれないが、問題はそのときの大人の判断力が求められる。

5　絵もことばである

　幼児の絵は話をしている。
　描いている絵を前にして、その説明を聞くと実におもしろい。1枚の絵に1日のその幼児の生活がつづられている。絵とことばは一見無関係のようであるが、絵とことばはじつはとても関係が深いのである。
　幼児の絵は作文と同じである。
　1枚の画用紙にチューリップの絵が描かれている。それも画用紙の真ん中でなく、はしっこのほうに描いている。
　そこで母親はそれを見つけると、
　「こんなはしにかいてはだめよ。こちらがあいているでしょう。そこにちょうちょうをとばしてごらん」
と言った。
　するとその幼児はすぐさまちょうちょうをそのチューリップの花の横に描いた。

第4章　大切にしたい幼児のことば

「それでいいの、ちゃんとおちついたでしょう」
などと、母親は幼児の絵をさも指導したつもりであるが、これはいけないことである。チューリップをはしのほうに描いてその横に空白を残しているのは、幼児にとっては、そこに大空が広がっているのかもしれない。広い花畑のなかの景色を想像しているのかもしれない。それを大人の考えで、しかもかっこうがいいということで、ちょうちょうを描かせたのには、なんとしてもうなずけない。
　幼児に説明させてみるとよい。
　1本のチューリップの絵でも、幼児からいろいろな話を聞き出してみることも大切なことである。
　遠足に行ったあと、その遠足の絵を描いているのをみると、朝、家を出て幼稚園にあつまってから動物園にいって、お弁当をたべる。動物たちのオリをまわってからしばらくあそんでまたバスで帰園する。それだけのことを1枚の画用紙にしっかりと描いていることがある。作文なら400字詰原稿用紙4～5枚の長さになるくらいである。それが1枚の絵のなかにおさめられているのである。
　大人がみればまったく問題にならないような絵であるが、幼児に説明させてみるとよい。1日の記録が描かれていることに気づくのである。
　このような絵は絵日記といった意味にも受けとれるので、
「ほら、それからどうしたの」
とおちついてたずねてみるとよい。ぽつり、ぽつりと話すその日の行動と、遠足への関心度がよくわかると思う。
　夏休みなどでは幼児に絵日記を描かせるようにすることもよい。
　幼児の言語経験には、**聞く、話す、読む、書く**の4つがある。このなかでも幼児期には、「聞く経験」と「話す経験」がもっとも大切な経験であるが、このほかに作る、考えるということも加えられる。そうであるから作る、考えるということも言語経験として大事であることを知らなければならない。
　絵というものは幼児が経験したもの、感じとったものを絵画的な表現で具体

化したものである。そうであるから幼児たちといっしょに動物園や遊園地などに出かけたときには、概念のとらえるのが苦手な幼児には、そのとらえ方を自然のうちに知らしめることがあってよい。
「象の足と、牛の足はどこがちがうかな」
「トラとヒョウとは背中の模様がどうかな」
などと、幼児と対話することもよい。
　このようなことによって、事物を観察する力が養われ、さらに表現することのたのしさを味わうことにつながる。そのようなことから描いた絵を前にして、話しかけるようにしてはどうだろうか。絵を描いているときは幼児がリラックスしているときである。したがって自由なかたちで描かせるとよい絵ができるのである。
「姿勢を正しくして、背中をのばして」
「そんなにうつむいてはいけません」
などと姿勢をきちんとさせたり、精神的な圧迫をあたえて絵を描かせると、のびのびした絵ができない。それとは反対に寝ころんだり、テレビや、CDなどを聴きながら描いているときには、じつにのびのびとした絵ができるのである。明るい絵ができるのはやはり気分がはればれとして、絵を描きたいと思ったときであろう。
　母の日の参観日のときである。
　幼稚園で母親の絵をみんなで描くことになった。ある幼児が描いた母親の絵をみると、まあどうだろう。その母親の唇がまっ赤にぬりつぶしてある。
　先生はその母親をよく知っているので、このようなまっ赤な唇ではなかったと思って、ある日母親にその絵を描いたときの家庭のようすを聞いてみた。するとその母親はその日に、幼児にあることで口うるさく叱ったようである。その幼児は母親のその口もとがとても印象に残ったのだろう。母の日にプレゼントするはずの絵が、なんとこのようなまっ赤な唇の絵となって表現されてきたのである。
　絵はことばとは無関係ではない、ということがわかってもらえたと思う。

叱られてたたかれたときには、母親の手を大きく描いた幼児もいる。

逆に絵を描いているときに美しい音楽をかけていると、その幼児のもつクレパスは明るい色になってくる。

おもしろいもので、絵はことばと同じ役割をもっているのである。

6　数の基礎を知らせる

入園の際の面接で、幼児に数をたずねてみると、うしろで親が心配顔でみている。

おはじきを10ほどならべて、

「さあ、かぞえてごらん。いくつあるの」

「1つ、2つ、3つ、4つ、5つ、……わすれた」

そんなとき、うしろの親の顔をみると、親はすぐさま、

「いつも家でかぞえているでしょう。つぎをいうのよ。先生、家では100までかぞえることができるのですよ」

と言うのである。

親としては、精いっぱい我が子をかばっているつもりらしい。

数というのは、抽象的なものであるから、幼児の知的な発達がまだ充分芽生えてないときにおしえることは好ましくない。親は、我が子が20ぐらい数をかぞえると、すぐさまおぼえたように思いがちである。「さあ、20かぞえる間、お湯にぬくもろうね。1つ、2つ、3つ、4つ……。おばあちゃん、バスタオル持って待っててね。5つ、6つ、7つ、8つ、9つ」

徐々にかぞえるのがゆっくりになってきて、ようやく20をかぞえて風呂からあげる。20までの数を聞いているのは、幼児である。このようなことで、数をおぼえたと思っていても、20をかぞえるための具体的な事物もないし、どれくらいの時間という概念の把握もされない。ただ一つの流れとして、またリズムとしての20である。

1が20あると、20という数になるとわかっているのかというと、そういう

ことではない。100かぞえられる、200かぞえられるというのも、じつはこの程度のことではないだろうか。

　幼児の知的な発達ができてくると、毎日のその周囲にある事物の取り扱いにおいて、数というものが必要になってくる。

　赤ちゃんのときには、数という概念はなくて1つのかたまりとしてみるのであるが、1歳半ぐらいになると、前にクッキーを3つならべておいて、1つだけ隠すと、ウマウマ、ウマウマといいながら、1つ隠したクッキーをさがすようになる。このころからそろそろ数の意識が出てくるのである。

　ことさら数をおしえようとしなくてもよく、幼児が自然に数というものに関心をもってくると、自然に数をかぞえるようになるものである。

　小学校にいくときには、数をかぞえるのに20ぐらいまでをかぞえられればよいので、それ以上をのぞむことはない。

　300もかぞえられると喜んでいて、これなら小学校1年の算数は、100点ばかりだと思うのは早計である。300というのは、1を300加えた数であるということを知るようにしておかないと、300だけを知って数の基礎を知らないで年数だけ進んでいくと、3年ぐらいで頭うちになって、算数の理解力が低下することになりかねない。

　このように数については、幼児の日常の具体的な経験を通して関心をもつようにさせなければならないのである。

　買い物に幼児といっしょに行って、果物屋さんの前で、リンゴをみたりすると、

「さあ、どちらのリンゴの数が多いでしょうか」
といったふうに問いかけてみて、

「こちらが3つ、こちらが5つ、さあ、どうでしょう」
「5つが多いの」
と、これぐらいの対話ならできると思う。いわゆる事物についての経験のなかで、おぼえるようにすればよい。

　あわてて、そして急いで数詞がいえるように、また書けるようにすることは

好ましくない。

　絵本を見ている幼児と対話してみる。

「絵本はどう言ってかぞえるのかな」

「1さつ、2さつ」

「そうですね。紙はどう言ってかぞえるのかな」

「1まい、2まい」

「では、えんぴつは」

「1ぽん、2ほん」

「リンゴは」

「1こ、2こ」

「ひこうきは」

「1き、2き」

「じどうしゃは」

「1だい、2だい」

「くつは」

「1そく、2そく」

　これなら、日本語の中でも特にむずかしいといわれている**助数詞**もあそびのなかで自然におぼえられるだろう。

7　詩も楽譜と同じように

　将来先生になることを目標にしている学生たちに『どんぐりころころ』の歌をうたわせてみた。

　　　どんぐりころころどんぐりこ／お池にはまってさあたいへん／どじょうが
　　　出てきて今日は／ぼっちゃんいっしょに／あそびましょう

　少しの疑問もなしにうたってくれた。なにも考えないとなんの不思議もないが、2小節目の「お池にはまってさあたいへん」のところをうたうと、大きな矛盾がある。「どんぐりころころどんぐりこ」では、池におちることができないの

であるから、ここは「どんぐりころころどんぶりこ」でなければならない。もちろん原譜は「どんぶりこ」である。

　このような誤りはこの歌だけではない。

　　屋根より高い鯉のぼり／大きなま鯉はお父さん

とよくうたうけれど、原譜では「大きいま鯉は、お父さん」であり、そのつぎの「小さなひ鯉は」のところは「小さいひ鯉は」である。

　なんでもないように思うだろうが、休止符をとばしてそのままうたったり、4分音譜を8分音譜でうたったり、「ド」を「ミ」とでもうたおうものなら、音痴と言われるのに、「どんぶりこ」が、「どんぐりこ」になっても少しも気にとめない人が多い。これは作詩家に対する侮辱でもあるし、このようなことばへの無頓着さが、大きくいえば日本語の乱れとなるのである。

　『くつがなる』の歌もそうである。「はれたお空にくつがなる」なのに、「はれたみ空にくつがなる」とうたう人が案外多い。

　伝承あそびの『かごめかごめ』は、「籠の中の鳥はいついつでやる」ではなく「籠の中の鳥はいついつである」である。

　『汽車ポッポ』は、「汽車汽車シュッポシュッポ」ではなくタイトルの通り軽快に「汽車汽車ポッポッポッポ」である。

　そのほかにもあげれば枚挙に暇(いとま)がない。冬になるとよくうたう『雪』を、「雪やこんこん、あられやこんこん」とうたっていることがよくある。「雪やこんこ、あられやこんこ」が正しく、「雪よもっと降れ、あられよもっと降れ」という表現なのである。なつかしい『ふるさと』では「ウサギ追いしかの山」を「ウサギ美味しかの山」と勘違いしているし、『赤とんぼ』でも、「負われてみたのはいつの日か」を「追われてみたのはいつの日か」とまったくその意味を違えてうたっていることがある。このように歌詞が勝手に変わっていくことに無頓着なのである。

　先生の知識ががすでにあやふやなのである。知っている歌であるから、すべてを勘でやってしまう悪いくせがある。原譜を見ないで、まったく慣習でおしえている。

第4章　大切にしたい幼児のことば

　あるとき保育室で『おたまじゃくし』の歌をうたっていた。すると年長の園児が、
　「先生、この歌をつくった人はあほやね」
と言った。おどろいた先生が聞きかえすと、
　「手が出てきたら尾がとれるのに、尾が出てきたら手がとれたとうたっているの」
と言った。
　はっとおどろいた保育者が、今ピアノの前にある楽譜をみると、なんと「尾が出てきたら手がとれた」となっている。この楽譜は音楽リズム集のものであり、それも保育用品の専門店の発行である。
　その園児は園でのおたまじゃくしの発育に興味をもっていた最中のことであったらしい。
　「この歌をつくった人はあほやね」
と言うひとことは、まさに頂門の一針として、よく肝に銘じておきたいものである。
　歌というものは、子どもに理解できるものであってほしい。
　『数字のうた』というのがある。
　　　数字の1はなぁに／工場のえんとつ
という、やさしい表現で数字を理解させる歌である。それを園児にうたわせてみると、
　　　数字の1はなぁに／工場のえんとつ／もくもく
と煙突から煙の出ている表現をするのである。どの数字のときも、いろいろなリズム的表現が加わる。
　　　数字の4はなぁに／かかしの弓矢／びゅんびゅん
　なかなか表現はたくみである。そして最後の、
　　　数字の10はなぁに／えんとつとお月さま
というところになると、じつにあっさり「おしまい」と結んでいる。
　なにかしら心でとらえたものを、ことばで表現したいというたのしさがあふ

れているように思える。
　他の園を訪ねたときに、先生にこの歌をうたってもらったところ、その園でもそのようなリズムをつけてうたう、ということであった。
　これはこの歌の詩と曲のうまさといえるだろう。歌からの呼びかけに対する子どもの心の素直な躍動といえよう。

第5章 幼児のことばを育むあそび

1 呼びかけ

　ことばの機能のなかに、**表出**というのがある。感情や気持ちを外に出すという意味である。これは、ことばを発する前の一つの衝動であると思われる。しかし、これは必ずしも相手があってそれに応ずるものではない。自分だけが感情を表すという状態なのである。

　その次に表れるのが、**呼びかけ**である。呼びかけにはいろいろな種類があって呼び声や、叫び声などもあり、話をするものがその気持ちや感情を、他の人に伝えようとすることであって、ことばの発声の素地となるものである。

　その次に出てくるのが**表現**である。この場合には、はっきりと相手が意識され、ことばがひとつの記号となって思想を伝える媒体となるのである。したがって、ことばとしての機能を持ってくるのは、この表現ということになろう。

　その前段階としての呼びかけが、とくに幼児のことばの活動を活発にする大切な役割を持っている。

　声を出すということは、幼児が小さければ小さいほど難しいことなのである。「おーい」と呼んでみることは、一見なんでもないようなことであるが、ことばを用いる初期の段階においては、なかなか難しいことなのである。「話してごらん」と言ってもすぐさま話ができず、心に抵抗を持つようなことにでもなれば大変である。

　家庭で、またクラスの中での楽しい雰囲気の中で、幼児がおもしろいことを言ったので、皆がどっと笑ったことにより、とたんに口を閉ざして話さなくなることはよくあることである。

　その機会をうまくとらえれば、話をさせることにつながるし、また、そうし

た機会の取り上げ方で、「だんまり」になってしまう幼児もいる。

　幼児が1人でままごとをしているとする。人形を抱いて、1人で楽しそうにその人形と話をしているという風景に出会うことがある。その幼児は、おもちゃ、人形に答えを求めているのではなく、人形に呼びかけているのである。

　こうした自分1人の話から、やがて、他人に語るという時にいたって、注意を求めたりする対話や交信がなされ、ことばが初めて伝達の用具になる。

　そこで、まず、幼児のことばを発する初歩的な段階である呼びかけをとおして、ことばを発表する機会を与えることが、ことばの活動を活発にするための大きな役割を果たすと思われる。

　この呼びかけというものを用いることで事物とことばが結びつき、理解できるようになり、それがさらに発展して動作や行動と結びつくようになる。

　1対1で呼びかけてみても、すぐさま答えは戻ってこないかもしれない。しかし、10人、20人の幼児とともに呼びかけを行うと、全く話のできない幼児でも唇ぐらいは動かすかもしれない。たとえ、唇が動かない幼児でも、心の中に話したい衝動が芽生えてくるのである。それを根気よく繰り返しているうちにやがて唇が動くようになり、蚊の鳴くような小さな声でも出せるようになれば、ことばを発する道が開けてくる。

　そのように何回も呼びかけを試みているうちに、心の中に話したい、発表したいという衝動が起こるとやがてことばが使えるようになるのである。

　そういったことから、先生は、常にあたたかく、易しく応えて、幼児がほんとうに話してよかったという心を持たせるようにすると、幼児の発表は伸びてくる。

　絵を上手にするには、クレパスや水彩絵の具で絵を描かせればよいだろう。リズムを正確にするには、ピアノを用いて音楽に関心を持たせるようにすればよいだろうと考える場合が多い。しかし、それらも一つの方法であるが、さらにもう一つ大切なことは、幼児の心を育てることである。絵を描きたいという心をつくること、リズムを身につけたいという心をつくること、これがそのまま上達や進歩につながる。

第5章 幼児のことばを育むあそび

　情操豊かな心を持つこと、これがあれば絵画でも、音楽でも大丈夫である。
　その情操豊かな心をつくるということは、ことばを豊かに使えるようにし、見たり、聞いたり、話し合ったりする生活経験を豊富にすることなのである。
　そういった点で、心をつくるためのことばを身につけさせる方法として、一番初歩的な呼びかけということを保育の場で用いたいものである。
　幼児の**話す**活動の内容としては、
　①返事やあいさつをする。
　②簡単な要求、伝言をする。
　③質問をする。
　④人から聞いた話をする。
　⑤みんなの中で話し合う。
　⑥生活経験や感想を話す。
　⑦童話や絵本を読んだり紙芝居をする。
　⑧劇あそびや人形劇をみんなと一緒にする。
　⑨お話づくりをする。
といった内容が話す活動である。このほとんどが、呼びかけとして行うことができる。呼びかけを行う場合には、できるだけ見たこと、聞いたこと、生活経験のなかから自然に話したくなるものを選ぶことである。
　「質問しますよ」「答えてください」といった形式張ったかたちでは、年少児にはとくに発表しにくいので、できるだけ話したくなる雰囲気をつくり、発表したいという気持ちを持たせて導入や助言の持っていきかたをよく考えねばならない。
　そのためには、歌や音楽などを用いることにより、和やかな感じを出すことが大切である。話すことに溶け込みにくい幼児でも、歌や音楽ならば、容易に仲間に入って口を動かすことができるのである。
　まず、みんなと一緒にうたってみよう。みんなとなら別に恥ずかしくなく行動もできる。そういったものを呼びかけに選んでやってみると案外うまくその仲間に入って答えを出してくれる。

話すということであれば、「はい」「いいえ」でもよいのである。

最初はみんなと一緒に声を出す。そうしたことを重ねて呼びかけていくうちに、小さな声で「はい」ということばが出せるようになれば大丈夫である。

それから徐々に枠を広げていくとともに、1語文から2語文そして羅列文、単文、複文が使えるようになり、やがて、思った文型で順序だてて話ができるように仕向けてもらいたいものである。

その初歩のものとして、「**返事**」と「**あいさつ**」がある。

返事は人から命令を受けた時や、名前を呼ばれた時、仕事を言いつけられた時にするものであって、自分を意識することであり、相手を意識することである。

「はい」というのは、心の状態を表すことばとして非常に意味は深い。「はい」ということばは、命令や言いつけに応ずることばであって、最初は「はい」と言うかわりに顔を見たり、「いいえ」と言うかわりに首を振ったりするが、これは返事以前の動作であるので、それをことばで発表できるように指導するのである。

名前を呼ばれた時の返事は、自己を意識することであり、ことばにより自己を表すことになるのであって、素直な心の姿として「はい」が言える幼児として大きくなってほしいものである。

また、あいさつも同じように大切である。これも、自発的に言うことができるように、幼児のころから身につけさせなければならない。

押しつけではなく、その場面を心得て発することができるようにして、形式的な大人のことばでなく、幼児らしいことばで言えるようにしたいものである。

そうしたことを考えながら、呼びかけの中でそれを身につけさせることは幼児のころに必要なことである。

このあいさつのなかでも、難しいものは、お礼やおわびのことばである。ややもすると、うわべだけになり易いので、まず、その心を育てたうえで心から言えるようにしたいものである。

次に、話し合いについての呼びかけである。

話し合いには、相手に親しみを持つこと、相手をよく知ること、相手に自分を知らせること、などの意味がある。話し合いによって安定感を持つことができるのであるから、こうしたことも呼びかけによって自由なかたちで発表できるようにしたいものである。

このような時には安定した雰囲気をつくるべきであり、その仲間に親しみを持たせ、話すことの楽しさを経験させることが大切であるといえよう。

そのためには、先生の呼びかけが問題となってくるのである。

われわれは話すことの工夫は一応するが、聞き方の工夫はあまりしない。幼児教育においては、話し方よりも聞き方の工夫が先なのである。

幼児が話したいと、心に思っていることをどのように引き出すかが大切であって、話し合いの時に、一方だけの発表で終わってはならない。先生と幼児との話す交流について考え、その要求や質問を取り上げて生かすこと、先生からの呼びかけをことばで答えるということを身につけさせたいと思うのである。

呼びかけで一番スムーズに進められるかたちは、合唱形式であろう。幼児のつくった詩や歌などをうたって発表する形式は、自然にその中に加わっていけるのである。

そして、それが正しい発音や発声の練習にもなるし、みんなと一緒という安心感のため、くつろいだ感じで発表することができる。

こうした場合には、グループに分かれることもよいが、合唱や詩など初めに全体に与えて、その感じを味わうことにし、そのうえで、それぞれの部分に分けて繰り返し合唱するようにすればよい。一部分を先に与えて、それをまとめようとすることは幼児には適さない。相当に長いものであってもそのように指導すると案外早く覚えるものである。

これができるようになれば、1人対数人という組み合わせで、変化をつけてやってみるとおもしろくなるだろう。

また、あいさつでも、

①みなさん
　②こんにちは
　③きょうは
　④(全員)たのしいうんどうかいです
　⑤あかかて
　⑥しろかて
　⑦ふれ、ふれ、ふれ
　⑧(全員)みんなでがんばりましょう

　こんな呼びかけをして、みんなで発表するようにすると、全員が参加できた喜びで弾んでくると思う。

　誕生会、生活発表会、運動会のあいさつなど、そういった機会に1,2人の幼児が「はじめのことば」や「おわりのことば」を述べるよりも、このようにして、全員が参加して発表すると、会も盛り上がり、自分もその中にまじっているという喜びと使命感を持つようになる。

2　劇あそび

　劇あそびはよく幼児劇と混同して考えられる場合が多い。

　劇あそびというのは、観客を意識したり、それらの人々に見せることを前提につくられたものではない。したがって、場所や、舞台装置や、舞台や、大道具・小道具なども必要としないのである。保育室や、園庭や、園外保育や遠足の場など、どこででもどこに行ってもできるのである。服装もそのまま、扮装も必要なく、日常の保育のままで行うものである。そのストーリーも簡単であり、幼児の自由な発表をもとに、台詞や動作も幼児の発想で行っていくものである。演じながら幼児自身が楽しみ、楽しいからさらに劇の発展があり、次の場面に転じていくという非常に幅の広いものであるといえる。

　一方、舞台を必要とする**幼児劇**は、観客を予想しているし、そのためには、上手に演じるということを要求されるし、必然的に教えられた台詞を覚えさせ

られて、あらかじめ決められた動きを舞台でしなければならないのである。また、人に見せるという意識が高まるために、演技においても誇張的な表現になったり、ある時は幼児不在の、園のＰＲや先生の自己満足のためのものになりかねない場合がある。

　こうしてみると劇あそびの重要性がわかるだろう。そこで、劇あそびに入るまでのことを考えておきたい。

①興味を盛り上げる。

　童話、絵本、人形劇、紙芝居を何回となく繰り返して聞かせたり、観せたりしているうちに、劇をしてあそびたいという気持ちを持たせることが大切である。じーっとしていられない、何かの動きをしてみたいといった意欲が出るようにしたいものである。

②劇あそびの素材は、幼児がよく知っているものがよい。

　幼児の知っている童話・絵本・人形劇・紙芝居などの中から、何をやろうかということを幼児同士の話し合いで決めていくことも大切なことである。

　全ての幼児の参加が望ましいので、よく知っているものが要求される。

③劇に入る前に幼児の話し合いをやってみる。

　この話し合いによって、場面の展開、登場人物の数、筋の運び方などを相談する。この場合、先生がまとめ役をしてもよいが、できるだけ幼児の発想を大切にして、無理に先生の意見を通そうとしない方がよい。例えば、赤ずきんちゃんを劇あそびに取り上げようとする場合、主人公の赤ずきんは１人でなくともよく、狼も４，５人になっても不自然ではない。また狼と最後に仲良くなって一緒に食事をしてもいいのである。

④クラスの全員参加が望ましい。

　劇あそびは、クラスの全員参加、全員発声が望ましい。一部分の幼児だけが楽しくて、あとの幼児が傍観するようなことにならないようにしたい。

　次に、劇あそびの中で保育者の立場についても触れておきたい。

　劇の筋の中に、先生が登場してきて劇の運びのうえに一役をかってもよい。また、導入や助言が劇の発展のうえで邪魔にならないようにすることは勿論

であるが、先生の助言により劇をさらに新しい方向に進めるのに役立つような援助が望ましいのである。

また、保育室の教具や備品なども用いることを提案したり、歌や音響を取り入れて立体的な効果をねらうようにすることもある。

劇あそびは、完成されたものよりも、その**道順(過程)**が大切なのであって、その過程においていかに幼児が自己を表現していたかに重きが置かれるのである。

動作と結びつけて表されることばや、筋の展開のためのことばを考え、幼児がその場に合ったことばを発表していく。

こうしたことが、劇あそびにおいては大切なことではないかと思われる。

さらに、劇あそびというあそびの世界で、それぞれの立場を守りつつ発言し、将来の社会生活を模倣するだけでなく、一つのきまりのもとで自分を生かしながらも、全体を生かすというチームワークを身につけること、勝手な行動を慎んで一つの目的のもとに、理解し合ってあそびを展開するということにも留意すべきであろう。

3　ごっこ

幼児は大人の社会生活の模倣をしたがる。

ままごとというのも、将来の社会生活に対する縮図であって、そのあそびの中で、社会の秩序、あるいは生活習慣、慣習、行動力などを身につけていくのである。

そうした模倣は自然に行うようになるが、それを強制的に行うようにすることは、本来のごっこの姿からすると好ましくないといえる。家庭や地域での交流などで見習っているうちに、自分もやってみたいという衝動から出発するのであって、それを第三者から強制してさせることは、却って抵抗が出てくる。

しかし、一方において、先生が時期を見て環境を設定し**誘導**する場合もある。たとえば、歳末大売出しの時期に、幼児の中に口調をまねるものが出てき

第5章 幼児のことばを育むあそび

たり、話題になったりした後、さりげなく空き箱や段ボール箱などとともに、テープやはさみを置いておき、誘導していくといった場合である。

どちらにしても、幼児の興味、関心が第一であることはいうまでもない。その活動を型通りにまとめようとしないことが大切である。そして、小学校でのごっこと異なり、幼児のごっこには常に、**省略と変容**といったことがついてまわる。たとえば、郵便屋さんごっこにおいて、郵便屋さんがある時、突然に切手をつくることもあるし、売り歩くこともある。小学校では、社会の仕組みを知る手立てとしてごっこが使われるが、幼児のごっこはこれらのことが許されるのである。むしろ、ごっこの活動を通して、一人ひとりの幼児がいかに自己を表出するか、いかにあそびにかかわるかに重きを置いてほしいのである。

幼児が模倣の世界で学びとったものを、自由に発言し、行動してあそぶのがごっこなのであるといえよう。

そこで、ごっこの**意義**を述べておくと、

① 日常生活に必要なことばが自然に用いられることによって、ことばの生活に役立つ。
② ごっこの中にもルールがあり、それらを守ることによって社会生活の基礎をつくる。
③ ごっこの中での役割を果たすことにより、その責任を感じる。
④ 自己表現(自己を自由に発揮する)により幼児の情緒を安定させる。

などがあげられる。

ごっこの**指導**に際して注意しなければならないのは、

① 自由な行動といっても、勝手な行動にならないようにすること。
② 一部の幼児のみが楽しみ、他の幼児を見物席におかないようにすること。
③ 他の活動のように、型通りの展開(導入、展開、終結、片付け)を期待しないこと。
④ 先生が指導性を発揮しすぎないこと。

などに留意することが大切である。

4　ことばあそび

　我が国は、ことばあそびの盛んな国である。

　それぞれの地方に、それぞれの地方のことばを用いたことばあそびが伝承されている。

　ことばあそびは2つの目的を持っている。

　一つには、文字通りあそびとして**レクリエーション**としての使命を持っている。

　もう一つは、「日本語の構造そのものの体系を身につけ、深めていくために欠くことのできぬ学習活動」(村石昭三「ことば遊び・文字遊び」別冊『幼児と保育』小学館、19頁)であるということから、**ことばの教育**としての使命を持っている。

　そして、これらの活動を通して達成されるねらいとして、次のようなものがあげられる。

　①正しい発音、アクセントに関心を持つ。
　②音節分解、語感覚、語意識を養う。
　③語彙を広げる。
　④語彙を整理して身につける。
　⑤対、反対概念、位置や時間関係の概念を養う。
　⑥類、異同、弁別、比較などの判断を養う。
　⑦概念の確認、事物の相互関係などの認識を高める。
　⑧空想力、想像力などを高める。
　⑨正しい聞き取りや伝達の能力を養う。
　⑩ことばや文字であそぶ楽しさを味わう。

　また、ことばあそびを保育の中に取り入れる場合、次のようなことに留意して取り組む必要がある。

　①臨機応変に子どもの状態に応じて行うこと。
　②できるだけ短い時間にして、過重にならないこと。

③事前にやりかたを十分身につけておくこと。
④年齢、時期を考えて与えること。
⑤漫然としたあそびになり易いので、ねらいや意味を押えておくこと。
⑥少人数からやがて多人数ででもあそべるようにすること。
⑦みんなで楽しくあそべるようにすること。

などを考慮しなければならない。

そこで、ことばあそびのいくつかを紹介しておきたい。

1）昔からあることばあそび

「あんたがたどこさ」「かごめかごめ」「とおりゃんせ」「開いた開いた」「花いちもんめ」などが代表的なものである。

2）話によるあそび

①あいさつあそび（巻末資料参照）

「あさおきたときに言うことば」「幼稚園にいくとき言うことば」「お皿を割ったとき言うことば」「よるねるときに言うことば」など、いろいろなあいさつのことばを事例をあげて発表させる。

②道具あそび

お父さんの使う道具、お母さんの使う道具、おばあさんやおじいさんの使う道具、家の中にある道具、などを発表させる。

③店屋さんあそび（巻末資料参照）

菓子屋、花屋、八百屋、小鳥屋などにおいてあるものを発表させる。

④この音なあに（巻末資料参照）

　　ガタン　ガタンといってはしるもの……電車
　　チリン　チリンといってはしるもの……自転車
　　ブブー　ブブーといってはしるもの……自動車

など、音を言ってその物体を当てさせる。

⑤電話あそび

「もしもし、チューリップ、カーネーションを売っているお店ですか」
「カレーライス、ステーキのあるお店は」「ケーキ、アイスクリーム、クッ

キーを売っているお店は」などの電話の相手の店をあてさせる。

⑥なき声あそび（巻末資料参照）

モウモウなくもの、ケロケロなくもの、ブーブーなくもの、ニャーニャーなくもの、ガアガアなくもの、など動物を連想させる。

3）判断によるもの

①反対あそび（巻末資料参照）

上の反対は何ですか……下

立つの反対は何ですか……座る

厚い（熱い、暑い）の反対は何ですか……薄い（冷たい、寒い）

右の反対は何ですか……左

「これから始まります」の反対は何ですか……「これで終わります」など。

②頭音ことば・題字あつめ（巻末資料参照）

「あ」の字のつくものをあげさせる。

朝顔、あめ、頭、足、あくび、握手、アイスクリーム、アメリカ……など。

以下、「い」「う」「え」……と50音を次々と進んでいく。

③お話あそび（巻末資料参照）

お椀、針、鬼の出てくる話は何でしょう……一寸法師

靴、女の子、馬車のでてくるお話は何でしょう……シンデレラ

雀、はさみ、おばあさんのでてくるお話は何でしょう……舌切り雀

など。

お話の名前が出たら、みんなでそのストーリーを話してみることもよいだろう。

4）語彙を増やすあそび

①名詞あつめ

花の名前、動物の名前、鳥の名前などを発表させる。

②色あつめ（巻末資料参照）

赤いものにはどんなものがありますか、青いものにはどんなものがありま

すか、白いものにはどんなものがありますか、などを発表させる。
③形あつめ
四角いもの、三角なもの、丸いもの、長四角なものなどを発表させる。
④数え方あそび（巻末資料参照）
エンピツはどのように数えますか
小鳥はどのように数えますか
絵本は、紙は、などいろいろな数え方(助数詞)を発表させる。
⑤かえることば
乗り換える、ひっくりかえる、間違える、考える、など語尾に「〜かえる」のつくことばを探すあそびなど。
絵を見せたり、ヒントを与えたりして考えさせてみる。
⑥アクセントあそび(おなじことばで違う意味のことば)
きる……紙を切る、洋服を着る
くむ……水を汲む、肩を組む
あめ……雨、アメ
くも……雲、クモ
はな……花、鼻
はし……橋、箸、端など。
おなじことばでも、異なった意味に使うことばがあることをしらせる。
⑦しりとりあそび
昔からあることばあそびで、トリ→リス→スズメ→メダカ→カニなど前のことばの終わりの音を頭につける。
⑧なぞなぞあそび
5）発表より練習や矯正になるもの
①早口ことば
くろぐつ、あかぐつ、ゴムながぐつ
エスカレーター、エレベーター
など幼児にも発音できそうなものをつくってみる。

②おうむあそび(返し)

　相手の言ったことをそのとおり繰り返す（「呼びかけ」の項参照）。

　あいさつなどの習慣をかたちづくることもできる。

こうしたことばあそびをさらに、リズムによるもの、動作を伴うものなどのあそびへと発展させていくこともできる。

できるだけいろいろな種類のことばあそびを習得して、発音、語彙、基本文型などを日ごろから自然に幼児に提示することにより、基礎的なことばの経験を豊かにするようにしていきたいものである。

第6章 幼児のことばを育む文化財

1 童話

童話の成立

　子どもに語る話を童話と呼ぶようになったのは、大正の初めころからである。それまでは、**お伽噺**と呼ばれ、このお伽噺(メルヘン)が童話を総称していたのである。

　童話の発生は、その昔原始人が、天体、宇宙、自然現象に対する疑問を持ったことに始まる。

　雨が降る、風が吹く、日が昇る、そして沈む、月が出る、月にも満月があり、三日月もある。それに台風があり、洪水が起こる。このような現象に対して科学的な解釈を持つことができなかった時代に、それぞれに適当な解釈を与えて神格化したものが、**神話**として語られたのである。

　例えば地震になる、山が崩れるという現象が起こると、それを巨人の仕業とし、この巨人の暴れることが地震であり、山崩れと解釈したのであった。

　日、月、星、そうした宇宙の神秘を神格化して宇宙神話として語られてきたのである。我が国でも太陽を天照大神と表現し、月を月読命とした神話があることは周知のとおりである。参考までに神話の種類をあげてみると次のとおりである。

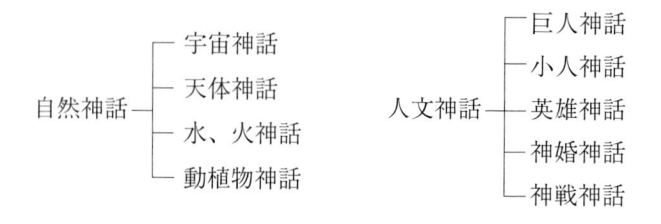

自然神話 ─┬─ 宇宙神話
　　　　　├─ 天体神話
　　　　　├─ 水、火神話
　　　　　└─ 動植物神話

人文神話 ─┬─ 巨人神話
　　　　　├─ 小人神話
　　　　　├─ 英雄神話
　　　　　├─ 神婚神話
　　　　　└─ 神戦神話

世界の神話の中でも、ギリシャ神話、北欧神話、そして日本神話は古い歴史を持っている。ギリシャ神話の中に出てくる神々と英雄の話は楽しい。たとえば太陽の神をヘリオス、海の妖精をクリメネー、その間に生まれた子をパエートンといって火の車に乗って世界中を山火事にしてしまうような大事件を起こす。そこでその山火事のためにエチオピア人は、それから身体が黒くなってしまったということで、そのあと大地がかわいたためにサハラ砂漠ができたという神話である。その他、酒の神のディオニュソスがいるし、女神のアルテミス或いはアテーナなどが登場する神話も楽しいものである。

　北欧神話は、その風土がヨーロッパの北はずれであり、山と森と湖とフィヨルド(峡湾)の国で、氷河、万年雪の山に、果てしない森、冬は夜が長く、逆に夏は短くて真夜中でも太陽が出ている国なので、神話も多岐にわたっている。

　北欧の古い歌に巫女の予言というのがある。

　　遠い昔には
　　なにもなかった
　　砂も海も
　　しおからい波も
　　下に大地なく
　　上に天もなく
　　ギンヌンガガップ(底知れぬさけめ)には
　　草一本はえていなかった

　この詩から想像すると、世界にはまだ天も地もなく、底知れぬさけめがあっただけである。

　このような国から、世界最初の生き物が生まれる。イミールという巨人である。北欧神話の神々としては、戦いの神であるオーディンがいる。この戦いの神の両肩にとまっている鳥は、朝オーディンの肩から飛び立って夕方に戻ってくる。1羽はフギン(思想)、もう1羽はムニン(記憶)を伝え、オーディンはこの2羽の鳥によって世界中の情報を知るのである。

　その悠大さと表現力には実にすばらしいものがある。

第6章　幼児のことばを育む文化財

　日本神話の中でも、国引きの話や、やまたのおろち、天孫降臨の話などは、我が国の成り立ちを表す神話として名高いものである。
　このような神話が、さらに民衆の中に定着することによって、それぞれの国の民話が生まれたのであり、ギリシャの民話、イギリスの民話、ロシアの民話、東欧の民話、また我が国の民話などは、現在にまで伝えられている。
　神話の成り立ちは、自然のうちに、しかも民族の間で芽生えたものであるから、神話は原始人の中では宗教であり、南方民族の間で今も行われている祈りの形式の中には、大地の神として生き、また農耕の神としても存在して、宗教のかたちをそのまま伝承しているものもある。
　しかし、神話は全てが宗教的要素を持っているわけではない。神話の中には、信仰の形式をとっていないものもある。それらのものが、自然に発展してきて物語的興味が加えられ、運命に関するもの、動物に関するもの、天体に関するものなどに、適当な説明をつけた一つの形を発展させたものが説話である。
　説話の特徴としては次のようなものがあげられる。
①常に短篇である。
　複雑な内容ではなく、中味も淡泊で濃厚なものはない。そして構想も単純であるからそのスケールも小さい。
②時間的な概念がない。
　むかしむかし、あるところに……といったことばでもわかるように、時が判然としていない。
③場所とともに人物も判然としていない。
　あるところにおじいさんとおばあさんがいました、というようにところはどこかについては、あるところとしか語られない。
　ある兄弟がいました、とされるだけで、誰だか判然としていない。
④不思議な現象を含んでいる。
　現実から解釈すると非科学的な内容が多い。常識で解釈できないようなことがあるが、それがロマンとしてのメルヘンの大きな特徴である。背に羽が生えて空を飛ぶ話、魔法にかかって人間が石になったりする話などはその例で

ある。
⑤道徳性とは無関係なものである。
　現代の道徳からすると、はずれているようなものもある。たとえば、7匹の小羊を食べたり、首を切ってしまったり、火の中に投げたりするような話もある。
以上のような説話が発展して童話になるのである。
　明治に入ると24年に巌谷小波が『こがね丸』という児童読物を発表し、続いて『日本昔噺』24編(明治27年)をはじめ、『日本お伽噺』24編(明治30年より)、『世界お伽噺』100巻(明治32年より)などを創作し、いわゆる**お伽噺**といわれる実演童話の形式を唱えたのである。
　そして、大正の初めになるとお伽噺は**童話**と呼ばれることになった。
　お伽噺の開拓は小波が最初であるが、彼は創作童話を発表しながらも一方において、聞かせるお話という意味の口演童話の世界も開拓したのである。
　1896(明治29)年、久留島武彦とともに、横浜のメソジスト教会において、お話の会を開いたのが**口演童話**の最初である。
　これを契機として、話す童話の世界が発展し日曜学校、子ども会などで盛んに口演童話が話されるようになった。以後少なくとも第二次世界大戦に至るまでは、口演童話の全盛期であったといえよう。
　しかし、童話といっても、話す童話と書く童話の区別は当初においてはなかったが、1918(大正7)年、鈴木三重吉が『赤い鳥』の児童文学運動を起こしたころから、児童文学という文学作品の分野が確立され、創作童話の世界が口演童話と区別されてくるようになったのである。

童話の分類
　童話の分類については、いろいろな分類法があるが、蘆谷重常(号芦村)は『童話学』において次のように分類している。
　　1、嬰児談　2、幼児談　3、問答体のお話　4、歌謡体のお話　5、絵談
　　6、無意義談　7、笑話及落話　8、お伽噺　9、寓話・譬喩・教訓談

10、実生活談　11、小説小品　12、英雄談　13、伝説　14、神話
15、歴史談　16、自然談　17、事実談　18、宗教談　19、文芸談

　補足を加えると、嬰児談というのは、赤ちゃんに話すようなリズミカルな何の意味もない話のこと。問答体の話というのは対話風のもの。歌謡体の話は、歌になっているもので、マザーグースのような歌でつくられたもの。絵話は、掛け絵とか黒板などを用いて語る話。英雄談は、歴史に現れてくる英雄の話。自然談は、山、川、田、海、空といった自然を取り入れた話。事実談は、実際にあった話、記録に残った話。宗教談は、宗教的な偉人の話、各宗教の祖師の話。文芸談は、既成の作品でも創作したものでも芸術的香りのある話、といったものである。

　おそらく、いずれの童話もこの分類の中に加えられるものと思われるが、話の一つひとつには、必ずしも判然と区別できないものもあり、いずれの分野にも入れられないものもあることが童話の特徴であるといえよう。

年齢による童話の区別

　読む童話である文学童話も、話す童話である口演童話もその対象である子どもの年齢を考えずに話すことは無謀である。それぞれの年齢によって童話の内容が異なるし、また受け止め方も異なってくるのは当然のことである。

　先述の童話の分類のように、広範囲なものをそれぞれの年齢を対象として話す時に、はじめて効果があがるので、その年齢を考えた時はじめて教材の選択ができるのである。

　子どもの年齢と興味の基準としてまず、**韻律期**があげられる。これはリズム愛好期ともいわれるもので、だいたい3歳から6歳まで、すなわち幼稚園・保育所に通う時期の幼児にあてはまる。

　この年齢の幼児はリズムを愛好し、話の筋よりもリズムに魅せられる時期である。リズムには、**筋の反復**と**ことばの反復**の2つが考えられるが、前者はストーリーを何度も繰り返すもので、例えば、桃太郎の話のイヌ、サル、キジが吉備団子をもらうのに次々と登場してくるといった類のもので、後者は、桃が

流れてくる時の"ドンブラコッコスッコッコ"のようなリズミカルな表現をいうのである。その他、リズムの中には、**擬態音、擬声語**というものも含まれる。にこにこしていると言ったり、ピョンピョンと跳んだりと言ったり、カアカアとカラスが鳴いて飛んでいったというような表現もリズムと考えられる。

次いで、その後の年齢についても若干触れておきたい。

6〜7歳ごろは「空想期」と呼ばれ、この時期の幼児はリズムだけでは満足しなくなり、羽がはえて空を飛んだり、魔法の小箱からいろいろなものが出されたりする話に興味を持つのである。

7〜12歳ごろは「勇力期」と呼ばれ、自分の勇気や冒険を試みたい時期である。勇力を賛美し、冒険心をそそるような事件に遭遇し、勇気を試してみたいと思うのであり、激情的な事件にも興味をもつようになる。この時期の子どもには、勇気や冒険心を正しく育て伸ばすような話材を与えるようにしなければならないし、安易な感情をそそるような話も避けた方がよく、正義の心を持ち、工夫し努力するといった話を与えて、正しい力のあることを知らせるようにすることが大切である。

そして、児童としての最後の時期に「説話期」を迎える。12〜13歳ごろである。自分の持っている勇気や冒険心も大宇宙や自然の驚異からすると、実に小さな存在であるということに気づくと、より大きな力に抱かれたいといった感情を持つようになる。精神生活も複雑化するし、異性に対しても関心を持つようになり、感情の起伏も激しく、感傷的になる時期である。英雄に憧れ、歴史上の人物に関心を持ち、また成し得た事業の話、伝記などが求められる。

この時期になると、本をよく読む子どもとそうでない子どもの差が出てくるが、その基礎的なものは、韻律期における話す童話の存在が大きく底辺になっていることに気づくべきである。

童話の教育的意義

童話は、ことばの修得に役立つものである。耳から入ることばは実に自然に抵抗なくそれを記憶に残して、将来駆使することばの活動の初歩的なものを修

得させることができるのである。

　聞いて覚えることばは、読んで身につけることばより比較的スムーズにそして自由に幼児の心に入ることができ、幼児のことばの活動を発展させるための大きな意義を持つのである。

　童話を聞くということは、それだけにとどまらず、聞き方の指導という点でも大切なことである。聞くことによって人間が刺激され、思考が始まり、それがやがて行動に移ることに繋がる。文字を知らない幼児にはまず聞くことを重視することが大切であり、童話を正しく聞くことは聞き方を育てる上で役立つのである。

　このような話す童話であれ、児童文学であれ、それが幼児を対象とするものである時には美というものを与えなければならない。

　腐敗した食べ物にハエがいっぱいたかっているようなものであっても、童話として表現する場合には、美的な表現をしてこそ、幼児を対象とするものであるといえる。悲しい話も、恐ろしい話もそれぞれの底に美的表現をもって与えてこそ、将来成人となった時の生活において、オアシスとなるような想い出が出てくるのである。作為的でない自然の美を童話になることによって与えるべきであろう。

　そしてこの美が、そのまま芸術に通ずるのであって、それが生命の中に入って大きな爆発を起こす時に芸術が生まれるのであるから、生命力を培うための基礎的な芸術的胎動を与えてやることが大切なのである。童話の中に含まれるすばらしい生命力を与えて、芸術性を伸ばすところに童話の意義があるといえよう。

　また、童話には**正義感**が含まれている。正義感といっても、無条件の正しさというもの、すなわち怠惰なものには感動しない。悪い行為のあったものには必ず報いがある。善人には善果があり、悪人には悪果が来たる、という正しい正義が童話により与えられるのである。

　その他、道徳面における勧善懲悪といった面や、話の中の人物、事件などに対する共感、同情心の育成なども童話における重要な教育的意義となろう。

童話の選択

　幼児のために童話を選択するためにはどうすればよいだろうか。
　童話を選択するには、幼児の興味、関心に応じるようなものを選ぶことが第一であるが、そのために次のようなことが考えられる。
①わかり易い話であること。
　登場人物が多くなくて、それぞれの性格がはっきりしていて、すぐさまその人物の理解ができること。幼児は直感によって判断するので、登場人物に対する理解と筋もわかり易いものであることが大切である。
②興味に応じたもの。
　変化のある話、起伏のある話、そして幼児が経験したこと、また経験しようとしていることについては関心が持たれる。
③年齢に応じた長さを考える。
　3歳、4歳、5歳児と分けて話す時は、それぞれの理解の特徴を含めて話すようにする。おおよその目安として、3歳児で3～5分、4歳児で5～10分、5歳児で10～15分程度の持続時間があるといわれている。
④刺激の強くない話を選ぶ。
　中には話を聞いているうちに泣き出す幼児もいるので、きわめてあっさりと話せるような内容のものがよい。
⑤くり返しのあるもの。
　筋のくり返しとことばの反復は、ことばに変化を与え、活動的であるので興味が持たれる(韻律期)。

童話づくり

　昔から伝えられている民話や名作童話を読み語りするだけでなく、自作の童話をつくることも大切な保育活動の一つである。
　童話をつくる時には、テーマを考えてみることがまず最初に必要である。どのような考え方で話を進めていくかということである。具体的にいえば、話をする人の人格といえよう。たとえ高度な哲学や人生観を持っていても、それを

素朴で単純なかたちで表現できるということが一番望ましいのである。単に程度を下げるということではなく、理解できる話題という意味においてである。

そして次に素材である。幼児の身辺に求めることが大切である。幼児は動物や動くものに興味を持っている。また、人形や鳥などにも関心がある。

それらの素材を、どのようにして料理するかによって、話のおもしろさが出てくる。そこにテーマをかみ合わせるのである。

例えば、欲深いオオカミがいたという表現も、

「オオカミはとっても欲張りです。だからなんでも2人前なのです。帽子も2人前、靴だって2人前、着ている服も2人前着ないと気がすみません」

という具合いに、素材にテーマを着せると素材が生かされるのである。

これを話のデッサンというが、これがしっかりしていないと次のプロットというテーマを表現する筋ができてこない。プロットは事件の展開であるので、できるだけ期待を持たせるものがよい。このプロットの持っていき方によって、童話が楽しくもなりつまらなくもなるのである。

毎日の保育室での話は、自分の前にいる幼児を観察しながら話をするという強味があるが、頭の中でまとめあげる訓練が必要になってくるので、まず絵をながめるように話すということを心がけるとよい。

このようなことをスムーズにするためには、幼児の日々の生活の実態や行動を記録して参考にすることが大切である。それができているといつでも話をつくり出す素材が浮かんでまとめ易いものになろう。

童話の話し方

①準備

童話を話すのには準備が必要である。

まず最初に、聞く幼児の年齢を考えなければならない。"4,5歳児"ということばをよく使うけれど、この1歳の差には、ことばの上にも、思考の上にも、大きな異なりがあるので、あらかじめよく考えて話を準備すべきである。

名作、創作などといろいろと種類はあろうが、いずれにおいてもまず自分の

のとすることが大切なのである。自分の一番話し易い内容として消化することも準備の一つである。

幼児については、できるだけ**かためる**ことである。笑いや感動が、次々と隣に伝わることが話を成功させる秘訣である。

お話を聞かせる場所は必ずしも室内に限らない。藤棚のある園庭のベンチで語る場合もある。また草の上や河原などに園外保育に出かけ、丸く輪になったその真中に座るというように、落ち着いた環境のもとで話すことができるのなら何処でもよい。要するに皆の顔が見えて、誰もが聞こえるようなところに位置すべきである。

保育室ならば、椅子の位置をよく考え、三角形の頂点のところに先生が位置できるように並べ方を考えることである。

②ことば

話をする場合は、明るくそして楽しい雰囲気が何より大切である。

こういったことは話者の性格にもよるが、つとめて伸び伸びとして喜びをもった話し方が必要である。幼児の話はそれ自体明るい内容のものであるから、その明るさを生かす話し方は、幼児にとっても楽しいものであるといえる。

また、話者と話とが遊離しているような話し方は、まことに聞きづらいものである。幼児はそういった場合、話に引き込まれるといったことが少なくなる。

そういったことから話者は、話を自分のものにすること、その話の人物になりきることが、話を聞くものにとって身近な感じを持つことができるのである。

次に、**わかり易いことば**ということである。それぞれにことばはくせを持っている。しかしお話をする場合は、そうしたくせをできる限り改める必要がある。特に早口は厳禁である。できる限りゆっくりとした口調で、語尾も不明瞭にならないよう気を配り、話の進展に支障をきたすようなことがないように気をつけなければならない。

ジェスチャーについては、自然のままで、あまり作為的な表現にならないようにすることが大切である。あくまでもジェスチャーはことばの説明である。ことばによって説明できないところを、ジェスチャーで補足するのであるか

ら、ジェスチャーの説明をことばでするのではない。ジェスチャーがオーバーになったり、故意に面白く振る舞うようなことは、できるだけ慎むようにしたいものである。

童話の中には、「ワンワン」「コケコッコ」といった擬声を使うことがある。また戸を「ギーッ」とあけるとか、「ガタンガタン」と電車が鉄橋を渡りましたといった摸声を使うと話が面白くなるが、喜ばれるからといって何度も繰り返すようなことは避け、擬声語・擬態語を上手に使用することにより話を美化して欲しいものである。

幼児は直感で話を理解する。このことから筋や話がすぐ理解できるような表現がよい。話の人物にわざわざ説明を加えなくても、その性格がわかるように筋も単純なものがよく、複雑なものは理解しにくいことがある。登場人物もできるだけ少なく、身近な人物や動物が登場してすぐ理解できるものがよいのである。

最後に、**話を見せる**ように話すということである。話を見せるとは、おもしろく、ジェスチャーを使って楽しく語るのではなく、具体的なことばを使って具体的に表現することである。あたかも描いた額や絵のように理解し易い話し方をすると幼児は童話をよく理解するのである。

2 人形劇

人形の歴史

人形の歴史は、世界の国々の中でも日本が一番古い。人形は、人間の身代として大昔から用いられてきたことが、種々の文献に現れている。たとえば「形代(かたしろ)」といって、人形の形をした紙片に名前を書いて、それを鎮守さまに持参して、病気、災難などを免れたいと願うような習慣は、各地方に残っている。

東北地方では、おしら神という信仰があって、谷を隔てたところに生えている桑の木を伐って、それに布をかぶせて人形として願いごとをするのであるが、この「おしら神」は、日本の人形の中でも古いものであるといえる。

また、3月に飾る雛人形も同様のことで、これによって、一家の繁栄を願

ことになるが、海や山に近いところでは、この雛人形を水に流して、災難を退散させる流し雛の習慣も同じことである。

『嬉遊笑覧』に、

奇人は奇神とも云う、或る精霊、死霊を祈るとき、彼の霊のかわりに童子をそなへおきて持参させることもあり、或いは霊の人形をつくり、藁にて馬などをこしらえ、かの人形にのせて祈り終わりて後川に流すこともあり

と、人形を霊とする考え方が表されている。

『平家物語』における神送り人形の働きを、演劇的な面で発展させたのは、大陸から伝わった傀儡子（くぐつ）であった。高野辰之博士によれば、インドから西域そして、中国を経てアルタイ地方に入り、その後東に進んで、南に転じ、朝鮮から入って日本に伝えられたといわれるが、この傀儡子が人形を使ったのである。『塵塚談』（ちりづかだん）には、傀儡子はヤマネコという人形を使ったと伝えている。

傀儡子は、各地を転々として移り、やがて、兵庫県の西宮に定着して、文楽人形の源流となるのである。なお、当時の人形は、木製の人形であった。

また、首からかけた箱の中から人形を出して演技したもので、後に、浄瑠璃と提携するようになって、文楽人形として発展することになるのである。

人形はいずれも手遣い人形であるが、今日の人形芝居のギニョール人形とは多少趣を異にしている。当時は、突っ込み人形といって、人形の裾から手を差し込んで遣うことに由来しているらしい。この人形芝居も、元和年間に南京糸操りという、今日のマリオネット人形の前身が登場してきて、人形芝居は2つの流れになるのである（なお、南京糸操りというのは、小さい人形という意味で、中国の南京から入った人形という意味ではない）。

文楽人形は、淡路、阿波に発展し、それぞれの地域において、郷土の芸能の開発に尽くしたのであるが、現在では数えるほどしか残っておらず、大阪の伝統芸能である文楽人形芝居が代表的なものであり、淡路、阿波地方には、わずかに合併した一座が残っているだけである。

こうした人形芝居が、子どもの世界に文化財として登場してくるのは、大正時代の末期からである。指遣い人形であるフランスのギニョール人形が日本に

第6章　幼児のことばを育む文化財

入ってきてから、急速にその活用が始まることになるのである。
　ギニョール人形が、昭和の初めごろ普及してくると、子ども会や、日曜学校などの社会教育の立場でどんどん取り上げられ、やがて、幼稚園、保育所などに取り入れられ、園児の中において演技されるほどになり、大いに文化財としての価値を発揮するようになる。しかし、戦後、テレビの普及とともに幼稚園、保育所での利用も一部の商業人形劇団が受け持つようになり、保育者自らが演技することは、極めて少なくなってきたのである。
　同時に、人形の大きさもギニョール人形から棒遣い人形に発展して大きくなり専門化するようになるのであるが、やはり、幼稚園、保育所においては、保育者が、いつでも簡単に使えるような人形劇を準備しておくことは大切なことである。

人形劇の特徴
　人形劇は、他の演劇にない特徴がある。広い意味で、人形劇は演劇の分野に入れられるものであるから、演劇としての人形劇の特徴を示してみる。
①神秘性
　これは、人形が動くことという超人間的行為が、非常に神秘的な味を持つのである。
②象徴性
　擬人化された人形がそれぞれ演技することによって、生命力をその人形に認めて、霊的なものを感じることができる。
③夢幻性
　人形の動きはぎこちない。ぎこちないがゆえにその人形を見ていると夢が湧いてくるのである。人間が演技をするのであるが、人形を通して表現されると、とても楽しく、夢をかもし出してくれる。動きも自由であるが、超現実的な夢を持っているのである。
④ユーモア性
　人形を使ううちに、明るいウイットや、ユーモアがあふれてくる。スムーズ

に動けないから、なお一層ユーモアがあり、立っても、飛んでも、歩いても、その一つひとつにユーモアがある。

⑤擬人性

　人形がまるで人間と同じように動き、生命力があるが如く振る舞う。そして、魂が内蔵されているような動きが、人形と語り合い、人形の動きに共感を持つような親しさを感じさせることになる。

⑥興味性

　人形でなければ表現できないもの、言い換えると、一般の演劇では表現できないものを表現することができる。例えば、タヌキが化けて茶釜になったり、小人が巨人になったりすることができることで、幼児にとっては、この興味というものに、特に関心が持たれるのである。

以上のようなものが特徴であるが、人形をとおして表現するということの中に、これらの内容が含まれるのである。

人形劇の種類

　人形劇の分類にはいろいろあり、形によるもの、遣い方によるものなど種々分けられるが、立体的なものと、平面的なものの2つに分けてみると次のようになる。

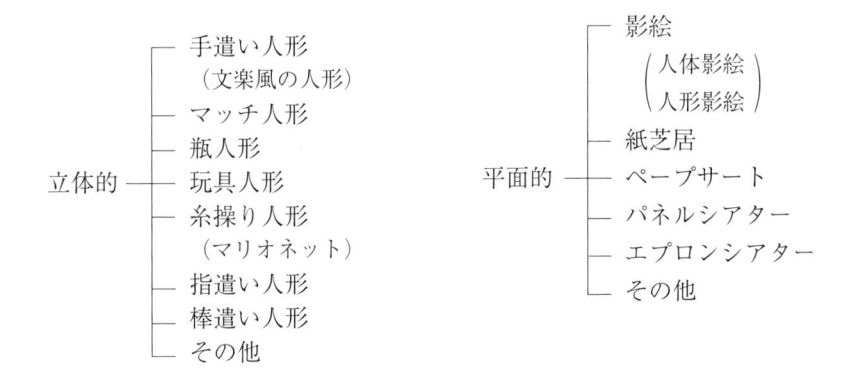

立体的
- 手遣い人形（文楽風の人形）
- マッチ人形
- 瓶人形
- 玩具人形
- 糸操り人形（マリオネット）
- 指遣い人形
- 棒遣い人形
- その他

平面的
- 影絵（人体影絵／人形影絵）
- 紙芝居
- ペープサート
- パネルシアター
- エプロンシアター
- その他

手遣い人形は、日本独自のもので、手遣いというのは、手で人形を支えて遣う遣い方であり、諸外国ではあまり例のないものである。その代表的なものに、文楽人形がある。文楽人形は、3人で遣い分けるが、主遣いが、左手で人形の胴体をもち、右手で人形の右手を遣い、他の1人は、人形の左手を、そして、後の1人は、人形の両足を遣うのである。このような文楽人形を幼児向きにしたものがある。**子ども文楽**といい、ぬいぐるみで人形を作り、それぞれの関節はブラブラと動くようにして、肩に紐をかけ、その紐を首からかけて遣うもので、幼児にも楽しく演じることができる人形劇である。人形の遣い手が、人形の腕を支えているので、手は自由に動かせることで演技は十分にでき、しかも、足がブラブラしているため非常にユーモアがある。

　マッチ人形は、マッチの空き箱に和紙を貼って、そのうえに人形の顔を描いて人差し指にハンカチあるいは端布をかぶせ、その人差し指にマッチの空箱の顔をかぶせて遣うものである。両手にこれをはめると、結構会話ができておもしろいが、この場合は、和紙を上から貼って丈夫にしておかないと、すぐに壊れる心配がある。その他、これに類するものとして、玩具などの人形の首を、マッチ人形のように人差し指に突っ込んで遣うなど、他にもいろいろ考えられよう。

　瓶人形と**玩具人形**は、よく似たものである。瓶人形は、大きさの異なった瓶に顔をつけ、衣装を着せて芝居をすることである。玩具人形は、既製の玩具などを使って、瓶人形同様演技をするのである。両者とも別に舞台装置などは不必要であり、机のうえにこれらの人形を並べて、演技者がその人形を動かしつつ台詞を語るといった単純なものであり、人形の動きも割合に簡単なものであるから、まとまった筋のものには限界があるということである。

　糸操り人形は、人形を上から糸または針金で吊して遣う人形であって、必然的にその吊す糸が問題となる。多いものになると、30本の糸で操るものもあり、その一方で、4、5本の糸で吊るような玩具の人形や、玩具の動物に紐をつけてそれを遣うような簡単なものもある。その場合の糸操り人形は、人間と同じような関節を作り、そこに糸をつけて、上のほうの操り木に結びつけて遣う

ものである。マリオネットといわれるような本格的なものは、保育の場においては遣うことができないが、玩具の人形に関節を作って遣うと、7,8本の糸でも操作ができ、幼児にも遣うことが可能になる。

　指遣い人形は、人差し指を首に、中指と親指をそれぞれ人形の左右に差し込んで遣うものであって、人形の中で、一番やさしく、一番普及しているものである。首の作り方にはいろいろあるが、本格的なものには木彫のものもあり、新聞紙やファイバーなどを利用してもできるものである。

　棒遣い人形は、両手で遣うものであって、指遣い人形より大きいものである。首を棒で支え、その棒を右手で持ち、人形の左右の手を左手で持って遣うもので、かなりの重量になり、幼児には遣うことが困難である。棒遣い人形の中には、目玉の動くものや、口の開くものがあり、非常におもしろい表現ができるのが特徴である。

　影絵芝居は、平面的なスクリーンに光を当てて、その前で切り抜いた平面的な人形を動かして、空間をうまく利用して、シルエットになって映る人形が芝居をするものである。影絵の本質は、白黒であるが、いろいろな素材を使って色彩のある影絵もできるようになり、ファンタジックで夢幻的な味を持っているものである。OHPなどを利用すると比較的簡単に遊ぶことができる。

　人体影絵は、人形の代わりに直接人間が芝居をするものであって、衣装を着けてスクリーンの後ろで照明をつけて演技すると、シルエットになって映り、おもしろい味が出るものである。

保育の中の人形劇

　保育に人形劇が取り上げられるようになったのは、大正時代の末期からである。

　昭和の初めになって、人形劇の脚本集や、人形劇のつくり方の本などが多数刊行されて、幼稚園や保育所で取り上げられるようになったのである。

　現在では、様々な視聴覚文化財の出現にともなって、園でそれだけが取り上げられることは少なくなってきたが、人形劇の専門の劇団が各園を巡回して、

公演をしていることが多いので、鑑賞する機会も多いと思われる。また、テレビなどで人形劇が放映される機会もあり、園で視聴するという場合もあるが、いつでもどこでも、誰にでもできるのが人形劇だといえるので、それぞれの園の先生が、手軽に人形劇を取り上げてほしいものである。

そのためには、簡単な人形劇が、幼児のことばを育むための教材として利用されるとともに、幼児にも遣える人形劇がもっと考えられるべきであろう。

脚本については、できるだけポピュラーな名作など、よく知っている内容のものがよい。また、幼児とともに、創作したものも親しみがあってよいだろう。脚本には、人形劇としてのいろいろな制限があるので、よく注意してほしい。

人形の台詞は、できるだけ短くして、変化を持たせるようにする。長い台詞だと人形の動きに制限があるので、単調になりがちである。

人形の出入りをよく考えて、無理のない登場人物を出すよう配慮することが大切である。重いものを持ったり、昇天したりするようなものは出さないこと、幼児の操作する範囲をよく考えること、幼児みんなが遣うことができるやさしいしいものであること、トリックなどがあっても、幼児の手によってできるものであることなどを考えておくことが大切である。

演技については、幼児にとっては、語り遣いは少々難しいので、話し手と遣い手を分けてもよい。人形劇は、遣い手が演技するのであるが、実際見られるのは、手から上の人形だけであるため、幼児にそういった演技の仕方を指導しておくことが大切である。ただ、幼児の演技については、あまり無理な注文をせず、動く人形という程度で台詞に合わせて動かすことでよい。人形が写実的に人間と同じような演技力を持つと、却って人形劇の範囲を越えることになるので、幼児にできる程度の演技力でよい。幼児自らが演技するところに人形劇のおもしろさがあるのである。

人形の遣い方には3種類ある。すなわち、
- 立ち遣い（演技者が立って人形を遣うもの）
- 座り遣い（演技者が座って人形を遣うもの）
- 立ち膝遣い（演技者が膝を立てて遣うもの）

の3つである。幼児にとって一番遣い易いのは、立ち遣いであるが、立ち遣いの場合は人形が高くなり、他の幼児に見えにくい場合があるので、立ち膝遣いもよい。

　保育室の中の人形劇は、大がかりな設備を必要とせずピアノや机を舞台にしてでもできるということから、人形が幼児に代わってものを言うかたちから、親近感を持たせ、やがて、人形に親しむようにして演技させれば、割合容易に人形劇も演出できるであろう。

3　紙芝居

紙芝居の系譜

　紙芝居の系譜は、我が国に昔からあった**立絵**の流れをくむものである。

　紙芝居は、世界の児童文化財のなかでも、我が国だけに発展したものである。それは、一つのストーリーで成り立っている何枚かの絵によってできていて、その絵によって話の筋を展開していくのであって、劇的な効果をあげるいわゆる紙劇である。その場面は筋の展開によって非常に興味深いものとなり、劇的な感動を呼び起こすのである。

　紙芝居の系譜の中には、ペープサートや、近年(昭和48年)、古宇田亮順によって創案されたパネルシアターも、その分野に入れることができる。

　紙芝居の起源は、江戸時代末期から明治時代にかけて流行した、**写し絵**といった形からできたものといえる。

　写し絵というものは、今日のスライドの前身で、大きな和紙をスクリーンにして、それにガラスに描かれた絵を写すのである。この絵を写すときに、フロという幻灯機のような機械を用いる。その機械の中に油灯あるいはローソクを立て、その光によってガラスに描かれた絵を写すのである。フロは、1台ではなく多少複雑なものでは数台のフロを用い、たとえば1台はステージの両側の松の木を、あるいは橋を写し、その他の機械で登場人物を写すのである。

　登場人物は、右足をあげたところ、次の絵では左足をあげたところの絵が描

かれていて、それを交互に動かすことによって、登場人物が歩くように見える仕掛けである。非常にユーモアのある動きである。スクリーンに和紙を用いるのは、油灯ローソクによって作られる光がステージ一面に写し出されるからである。

　この写し絵は、**錦影絵**といわれていたが、この系譜が紙芝居となったものとみてよい。

　それが**立絵**の紙芝居(ペープサートの源流ともいわれている)となった。立絵というのは、細い竹の棒の柄に、小判型のやや上下が長いボール紙をつけて、両面に絵を描く。その絵は先の写し絵と同じように、表と裏とに異なる絵を、たとえば右足をあげた絵、左足をあげた絵というように描いたものを、表、裏と出して動かすことによって、歩く動作ができるようになっている。

　この立絵は、1人で動かすのであるが、だんだん遣う人が増えてきて、2,3人で操作するようになって、なお一層おもしろくなった。まことに単純なもので、単純なものの中にユーモア的なものがあったから、巷で喜ばれたのである。

　この立絵が変化して**平絵**の紙芝居へと発展したのである。その始まりは大正時代であるから、80年ぐらいの歴史である。そして昭和の4、5年には、まず**街頭紙芝居**が大流行した。

　街頭紙芝居というのは、自転車のうしろに紙芝居の入った箱を乗せて、町々を歩いて、拍子木をたたいて町内の子どもを集め、それらの子どもに紙芝居を2,3編観せる。その際に、子どもたちは、お金を持ってきて紙芝居屋さんに渡す。その交換として紙芝居を観せるとともに、飴玉や駄菓子を与えるのが普通である。子どもは、おやつをもらって楽しい紙芝居が観られるという、一石二鳥の喜びがあったので、紙芝居を観るのを楽しみにしていた。

　戦時中、次々と紙芝居屋さんが増え、町中どこに行っても観ることができたし、当時の政府も、マスコミとして紙芝居を利用し、増産運動などもこの紙芝居によって呼びかけたのである。

　紙芝居は、演出が簡単なこと、携帯に便利であることと、製作に時間がかからないことなどから、寺院や教会の日曜学校、子ども会、そして幼稚園、保育

所において自作の紙芝居が制作されるようになり、たちまち全国に普及したのである。

　一方で、それぞれの教化機関によって制作されたものとは別に、印刷による紙芝居が刊行されて、時代は紙芝居ブームをつくりだした。街頭紙芝居は、貸し元があってそこに数100種類の紙芝居が所蔵され、そこから紙芝居屋さんが、いくらかの借用料を払って借用して町に出掛けるのである。町の子どもたちにうける紙芝居は、数100編に及ぶものができ、名高い「黄金バット」などは、750編にも達したといわれ、当時の子どもたちの間で黄金バットの笑い声が流行した。

　こうした街頭紙芝居もテレビ放映(昭和28年)とともに、単純なこと、動きがないこと、立体感がないことなどの理由からほとんど姿を消してしまった。

　現在では、幼稚園、保育所などでは**教育紙芝居**というかたちで活用されてはいるが、オリジナルな紙芝居も、是非創ることを試みてほしいものである。

紙芝居の特徴

　紙芝居は、人形劇や影絵などと異なり、物語の時間的経過を一定の空間の中で順々に追っていくのではなくて、途中に突如として場面転換が行われて、過去を回想したり、夢の中の状態に入ったりするという**意味の連続性**の上に成り立っている非常に**高度な視聴覚文化財**であるといわれている。

　しかし、何といっても第一の特徴は、単純であることである。手にさえ取れば、誰でも演技ができる点である。絵を通して目から、ことばを通して耳からというように、2つのものがつながって理解を容易ならしめるようになっているのである。

　観るという世界は、物事を判断したり理解したりするのを容易にするし、さらにその絵が色彩によって描かれているとなると、より具体的な理解が可能となるのである。

　紙芝居のことばは絵の説明である。絵が主であって、説明はあくまでも従である。その主体は絵であることを忘れてはならないのである。絵画によって展開

していく筋をことばによって演出していくのが、紙芝居の要素であるといえる。
　そこで、保育における紙芝居の意義をあげてみると、
　①直感的に形象、事物などが把握される。
　②よく観て理解する機会を与える。
　③ことばの教育の機会を与える。
　④期待的な興味を与えることから想像力を伸ばす。
　⑤情報を豊かにする。
　⑥生活内容を豊かにする。
　⑦健全な娯楽として楽しめる。
といった点があげられる。紙芝居は幼児にとって、いつでもどこでもすぐに制作や演技が可能ということで、創作活動を助け、言語活動を伸ばすことができるのである。
　以上のような特徴をもっているが、同時に次のような欠点を持っているため、利用の際十分に注意しておかなければならない。
①大きさが一定しているので、観るのに限界があること。
　各出版社で発行されている紙芝居の大きさはB4判で、だいたい統一されている。
②同じものを同じ場所で見せることは困難である。
　絵画から印象づけられるということで印象深く、同一場所で同一人物に２度観せることはできない。
③機動性がないこと。
　人形劇や影絵と異なり動くことがないので、テンポ感のあるものは、セリフでそれをカバーするより仕方がないのである。
④絵画を見ることに力を入るので、話の筋の理解が少ないこと。
　絵を観ることが主であり、その方に興味が湧いて筋の理解が少なくなる。
以上のような点が欠点としてあげられるが、こういった点を踏まえての利用が望まれるところである。

自作の紙芝居

　幼稚園や保育所で、オリジナルの紙芝居をつくる場合の留意点について述べておきたい。

　まず、留意しなければならないのは、有機的連携ということである。紙芝居は、映画やテレビと異なって、映像が連続しているものではなく、1こま、1こまが独立しているが、頭の中でつなぎ合わせると全体の流れがわかるというものであるので、常に全体の流れを頭において描いていくことが大切である。

　次に、方向づけの大切さである。方向づけというのは、そのストーリーの方向づけということでなくて、絵の方向づけである。例えば、1人の子どもが、下手のほうに退場していくのであれば、その続きの絵であるなら、その場面でも下手にいくようになるのが自然で、それが上手から登場してくるようだと、観ているものが混乱することになる。幼児が話し合いによって紙芝居を制作するような時には、この方向づけを間違えないように注意しなければならない。以上のことを考えて、紙芝居づくりの要領について述べたい。

①紙芝居にしようとするテーマを考えるとともに、絵になるストーリーを考える。

　名作、民話、創作童話、昔話といったものなら割合簡単であるが、幼児の話し合いをもとに作成していこうとするならば、幼児独特の世界観、例えば、アニミズム（無生物が生きているという考え）、アーティフィシアリズム（何でも人間がしているという考え）などを、生かしてつくるとやり易い。

　幼児の話し合いによってストーリーができると、次は、場面割をするのである。

②場面を割る。

　話の発端から終結までを幾つかの場面に分けてみて、どこに重点をおくか、あるいは、展開をどうするか、同じ場面になっていないか、そういった点をよく検討してみる。

　そして、できれば小さな紙に描いてみる。いわゆるゴマ絵をつくってみて配分を考えるようにすればよい。

③各場面の説明をつくる。

　紙芝居の説明というものは、絵の足りないところを文が説明するのであって、文の足りないところを絵が説明するのではない。また描かれた絵をさらにことばで説明するのではないことを考えておく必要がある。絵を見れば、ことばで言わなくてもわかるのであるから、その重複は避けるべきである。

　1場面については、300字ぐらいが適当である。400字以上になると、紙芝居が少々冗長になってくる。

④説明と絵との関連を考える。

　絵と説明ができれば、それを併せてみて一致するかどうかを考える。もし説明が長くなれば、それを省略することも有り得る。しかし、1場面を2, 3秒で展開することも有り得るので、ストーリーに併せて考えるとよい。

⑤絵を描く。

　中心になる人物を大きく描く。他のものも、それぞれはっきりと輪郭がわかるように描く。色彩の対比も大切であり、遠くからも見えるように配慮する。また、クレヨンなどで描いた時にはその上にニスをつけるとよい。

　とくに注意すべきことは、登場人物の服装、持ち物は、よほどの変化がないかぎり同じものであることが原則である。万一、服装や持ち物が異なっていると、観るものが混乱するので、注意すべきである。

⑥説明文を書く。

　説明文は、絵から1枚ずつずらして書く。読み易いように書き、隅にページの番号を書くことも忘れないでほしい。

紙芝居の演出

　紙芝居の演技にはこれといった型があるというものではない。

　保育の場においては、平素の話しことばで説明すればよく、妙なふしまわしなどは却って聞きづらい。

　また、身振りについては、紙芝居を二分しているような感じになり、あくまでも絵の説明であるという観点に立って考えれば、不必要であるといえる。

紙芝居の演技をする人は、画面とそれを観る幼児とを大体7対3の割合位でながめながら話を進めるとよい。しかし、これも自然な形で行うべきで、演技する人が紙芝居の画面や話の筋を十分味わっているという心で演技するとよいのである。
　擬音などを用いる場合は、演者がその場で擬音を使うことはやめた方がよい。他の人がこれをやるか、レコーダーなどにあらかじめ吹き込んでおいた方がよい。
　また、紙芝居を手に持って演技する場合もあるが、できる限り**紙芝居用の舞台**を用いた方がよいということはいうまでもない。ただし、どうしても舞台がない場合は、紙芝居の高さ、動かないようにといったことについて注意する必要がある。
　演技し終わると、**最後の1枚は残しておく**。夢を、そして余韻を残しておくことが大切である。
　画面の1枚1枚の流れ、そして全体の流れをよく把握し、紙芝居の中の山、谷の味わい方を演者自身が体得しながら進めると、一層効果が上がるのである。
　次に**抜き方**であるが、様々な方法がある。抜き方が劇的な効果を高めたり、立体的な感じを与えたりすることになるのである。
①普通に抜く　筋や運びにあまり変化のないときに抜く普通の抜き方で、紙芝居の半分位はこの抜き方である。
②急速に抜く　場面が急転したり、テンポを必要とする場合の抜き方であり、場面への移行が急求められており、さっと抜くことが大切である。
③話しながら抜く　一つの場面は終わったが、次の場面への説明を要する時の抜き方である。
④絵を見せておいて抜く　景色などを観せておいて、しばらくしてから抜く。
⑤話し終わってから抜く　画面の印象を残したいという時に用いる抜き方である。
⑥歌いながら抜く　楽しい場面に歌に合わせて抜く。
以上である。なお紙芝居は**右抜き**であることを、蛇足ながら付け加えておく。

紙芝居はどこまでも絵が中心で、それで足りないところを説明のことばで補うのである。一つひとつの場面を大事にして扱うようにしなければならない。

したがって、画面を指し示したり、身振りをつけたりすることは極力避け、画面の持つ効果を大切にし、画面の邪魔をしないようにしなければならない。演技者は前にいる幼児をよく見て反響を把握しながら演技すべきである。

紙芝居の話し方は、童話を話す時のような朗読口調で、幼児に親近感を持たれるような話し方が一番よいのである。

4　ペープサート

ペープサートの歴史

ペープサートとは和製英語のペーパー・パペット・シアター(Paper Puppet Theater)の略で、紙で作った人形劇、すなわち紙人形劇ということができる。

ペープサートの起源は、紙芝居のところで述べたように、古く江戸時代に求めることができる。

江戸時代末期に、硝子板に絵を描いてそれに光をあてて、その絵をスクリーンに写し出す「写し絵」というものが出現した。普段は涼み船の客の余興として演じられるが、納涼船の余興の時期が終了すると、寄席専門となり、子ども向けの見世物という形で演じられたのである。

一方、**覗きからくり**も江戸時代中期に渡来し、覗いて観る仕掛けになっている3、4個の硝子の鏡が付けられており、その中の小さな舞台に数枚の絵が貼り出され、その絵に対する説明が、独特のからくり節の口調で演じられるというものである。子どもたちは飴をしゃぶりながら、このからくりの中を覗き込んで楽しんだということである。

江戸時代のこういった視聴覚文化財である写し絵と覗きからくりは、前者は後に幻灯へと発展してゆき、後者は後に立絵と呼ばれる現代のペープサートの源流といえる文化財へと発展してゆくわけである。

ペープサートを保育の中に普及させたのは**永柴孝堂**(ながしばこうどう)である。ペープサートの

不朽の名作といえる、「日天さん月天さん」を生んだ永柴のペープサートから学んでいきたいと思う(永柴孝堂『ペープサート』白眉学芸社)。

絵人形の作り方
　画用紙を2枚、大きさはA5判位のものを用意し、画用紙2枚に異なった絵を描き、その画用紙の真中に**竹の串**をつけて、うちわのような格好にする。その場合、竹串は人形から外へ出る部分(杷手にする箇所)を、10cm程度絵の下へ出すことを忘れないようにする。大体外へ出る部分は、串全体の3分の1位と考えればよい。
　竹串の断面は、丸味を帯びているものではなく長方形が望ましい。なぜなら、親指と人差し指で持って使い、表裏を素早く回転させ反対側の絵で止めることができるからである。
　絵人形は、表面に横向きの人物を描き、裏面にその反対の方向に向いている人物を描き、それを貼り合わせると右へいったり左へいったりという行動をする人形が基本である。
　また、表面には足をあげている兎、裏面には足をそろえている兎を描いて、表裏両面を交互に動かして、残像現象によって人形が動くように見せながら演技をする場合もある。
　絵が描けると、2枚の絵を貼り合わせて、杷手を持って絵を光に透かして見るとよい。裏から映る絵を切らないように、ハサミで絵の輪郭を切るわけであるが、最もよいのは絵の頂点を結んでふっくらと、少し丸みをつけて切ることである。決して絵のとおりに切り抜いてはいけない。**台形や長方形**に近い形にすると、人形自体が安定して見える。

保育の中での活用
　こういった人形を通して、ストーリーを展開していくわけであるが、ペープサートは人形劇と同じように、人形が動くのである。しかも喜怒哀楽を表現することもできるし、様々な動作を表現することも可能なのである。幼児の立場

からすれば、竹の串を持って表面と裏面の人形を動かすので、人形劇よりも簡単に演じられるので使い易いものであるといえる。
　そこで保育教材としての価値について考えてみると、
　①制作が簡単であるのですぐにつくることができる。
　②演技がやり易いので幼児にも容易に演技することができる。
　③活動的なものである。
といった点において、教材として保育の中に用いるのに、まことに便利であるといえよう。
　いつでも、どこでも、そして誰にでもできるという簡便性がペープサートの大いなる特徴であるといえよう。

絵人形の描き方

　紙は画用紙(またはケント紙)が最適である。ボール紙等の厚いものを使うと、演ずるのに重すぎたりして不便である。
　絵人形を描く色材は、人形を重ねて置く場合に他へ色が落ちたり、こすれてとれたりするので、クレパスなどは好ましくない。そういった点に気をつければ美しく仕上がるものなら何を使ってもよい。
　人形を描く時は、表と裏になるよう２面に反対方向の人形画を描く。真横向きでもいいが、**方向性**をもたせるという意味からも、斜め横向きがいちばん良い。例えば、足のつまさきを横にまげるとか、動物であれば尾を横へ出すとか、左右の約束が決められればそれでよい。**表、裏の変化の妙**が、ペープサートの大きな特徴であるということを、念頭において描く必要がある。
　幼児が作ると、正面向きを描くことが多いようであるが、ペープサートの特徴を十分生かしているとはいえず好ましくない。しかし、幼児の場合は前向きのものでも決して支障はない。

絵人形の種類

　人形の表裏が同じ絵で、操作すると右へいったり左へいったりというものを

「基本人形」という。

また、表裏2面の絵が異なっていて人形をひっくり返すと、画面が動いているように見えるものを「活動人形」という。つぼんだ花が、パッと開いたりする表裏の妙に使う。

その他、立木、山、家など舞台の雰囲気を出すために使われるのを「景画」と呼んでいる。

舞台

幼児が人形を遣う時は、大積木などを積み重ねて幼児の背の高さ位にして、そのうしろから演技をするようにすればよい。また柱と柱の間に、同じような高さにロープを引いて、その上にカーテンなどをかけて、そのうしろから人形を遣うといった具合に、適当に舞台を考えるべきである。

舞台の広さは、幼児ならば2m位が適当である。

人形劇の人形と異なって単純であるので、バックに幕を張るのなら一定にしたものがよいし、保育室などでは、バックのいろいろなものが目にとまるようでは、人形が生かされないので注意することが必要である。また、演者の足などが舞台の下から出ると、興味が薄らぐことになるので十分に注意をしておかなければならない。

舞台の奥行きは、人数が交錯する場合は少し深くすることも必要であるが、数人の幼児が演ずる場合は、幼児が動けるだけの奥行きがあればよい。

演出

演技については前述の舞台を使う場合が多いが、一切舞台装置がなくて、遣っている人もそのまま見られるような演技の仕方もある。それはその時の作品なり幼児の状態などによって臨機応変に臨みたいものである。

セリフは別に劇的なものでなくても、幼児が全体のあら筋を覚えていて即興的に生かす方がおもしろいし、却って作品が生きてくる場合があり、セリフを教えない場合もあってもよいと思われる。

第6章 幼児のことばを育む文化財

　人形が単純であるので、擬音や音楽を用いると、立体感が出てよいし、幼児それぞれの性格に合った人形を使わせることも、保育の上において必要なことである。

　逆に粗暴な幼児には、ゆっくりと落ち着いた動物や人を、神経質や線の細い幼児には、大胆なそして活動性のあるトラやサルのようなものを遣わせると、保育の効果をさらにあげることができるのである。

5　パネルシアター

パネルシアターとは

　パネルシアターは、新しい児童文化財である。パネルシアターとは、パネルの劇場という意味で、不織布等の毛羽立った付着力のよい布地(パネル布)を貼った舞台に、パネルシアター・ペーパー(Pペーパーつまり不織布のこと)で、作った絵人形をつけたりとったりして演ずるお話や歌あそびのことをいう。このパネルシアターの名称は、1973(昭和48)年に児童文化研究家**古宇田亮順**によって命名されたものである。

　パネルシアター以前にも、フランネルグラフ、フランネル絵話、ボントン絵話、張り絵あそび等類似のものはあったが、**不織布**(三菱製紙MBSテック130番か180番が最適といわれている)が、毛羽だった布にぴったりとくっつくことを発見したことは、大きな改革であった。すなわちパネルシアター以前のものは、絵の裏に毛羽だった布地を貼りつけるということをしたために、絵を裏返しにしたり、重ねたりするという表現ができないという欠点をもっていたのであるが、Pペーパーの発見によって、

　①表裏両面に絵を描くことを可能にし、
　②そのままそれがパネルに付着し、しかも
　③軽くて丈夫である

という3つの大きな特徴を持つことになったのである。その他、パネルシアターの特徴としては、次のようなものがあげられる(古宇田亮順『こうざパネルシ

アター』東洋文化出版）。
- ④絵に動きがあること。
- ⑤同じ絵でも貼り方によって異なった見方ができること。
- ⑥絵を移動することにより、位置の交換や組み合わせができること。
- ⑦瞬間的な場面転換ができること。
- ⑧仕掛け(ex.重ね貼り、窓開き、ポケット、回転etc)が可能なこと。
- ⑨演者が舞台の裏に隠れることがないので、観る人との間に強い親近感、一体感が生まれること。
- ⑩音楽の楽しさが生かされること。

以上のようなことから、パネルシアターは従来の人形劇、紙芝居、影絵、ペープサートさらには童話（素話）などのそれぞれの長所を取り入れた画期的な児童文化財であるといえよう。

パネルシアターの種類

現在、パネルシアターには３つの種類が考えられている。

① **白パネル** いわゆる普通のパネルで、白い布地を貼ったパネルのことをいう。

② **黒パネル** 染粉で黒く染めた布地を貼ったパネルで、絵人形は蛍光ポスターカラーや蛍光ペンで描いて、**ブラックライト**という特殊蛍光灯を当てる。暗い部屋で行うと絵人形が美しく輝き、夜空の星や月の輝き等、幻想的な独特の世界をかもし出す。

③ **影絵式パネル** 枠組みのしっかりしたものに、白い布をたるませずに貼ったパネルに、裏からスライド映写機等で光を当てて影絵的な透視効果をかもし出す。

舞台のつくり方

幼稚園や保育所においては、移動式黒板を用意し、80°位の傾斜をつけ適当な大きさ(70cm×1mが普通)のパネル布(ネル地)をピンと張り、ガムテープ等でくっつける。また、家庭においては、かつてのホームゴタツの裏の麻雀台がよ

くくっつくものもあり利用し易いものである。

　パネル用の舞台をつくる場合は、ベニヤ板や発泡スチロールのボードに、パネル布を貼ってガムテープで止めるとよい。それを移動式黒板やイーゼルやピアノにたてかけたりして利用する。

　舞台のうしろには、絵人形も順序よく重ねておくことができる机（長机等）を用意する。その場合、観客から次の絵人形が見えないよう、別の布地で前を覆っておいた方が、興味をそがれなくてよい。

絵人形のつくり方

　絵人形は、ポスターカラーや水性の絵の具で着色（クレヨンやクレパスはＰペーパーやパネルを汚すので不可）し、切り抜いてつくる。形だけのものなら、カラーのＰペーパーもあるので、利用すると便利である。

　Ｐペーパーは、鉛筆で描いた線は十分に消し取ることができないので、あらかじめ別の紙（半紙が便利）に下絵を描いて、それをＰペーパーに写し取るという手順を踏んだ方がよい。

　型どりができると着色し、油性のマジックではっきりとふちどりをする。このふちどりがパネルシアターの命である。白い舞台に貼るということを考えると、絵を生かすも殺すもこのふちどりである。太すぎるとふちどりばかりが目立つ。細すぎると絵が生きてこない。太からず細からずである。絵が完成したらはさみやカッターナイフで切り取るが、絵の型どおりに切り取ると細かい箇所は折れ易いので、余白を残して切り取った方がよい。

　表裏に絵人形を描く必要がある場合は、裏側にも描くが、その場合、色彩の具合いで表に色が出てくることがあり、Ｐペーパーを２枚重ねて木工用ボンドで貼り合わせるとよい。

　ブラックライトの作品は、余白を残しておくと白い部分が青く光るので、その部分は黒く塗りつぶしておかなければならない。

パネルシアターの演じ方

　光線や幼児の目の高さを考えて、適当な位置に舞台を設置する。特に演者（1人の場合）は、パネルに向かって右横に少し離れて立つので、舞台に向かって右端の観客は、演者の陰になって見えにくい場合があり、全員がよく見える位置を選ぶことが大切である。

　演者は通常右側に立つことを原則とするというのは、絵人形を右手で操作するということと、絵人形が右側から登場する、すなわち上手から登場し下手へ退場する方が、自然であるということである（実際パネルシアターの作品集の型紙の多くは、右から左へ移動するように描かれている）。

　パネルシアターは、人形劇やペープサートと異なり、演者が観客の前に立って演ずるということに特徴がある、ということは既に述べたが、この特徴を大いに生かすべきである。観客の反応を常に見ることができ、その反応を話や歌の中に利用することも可能となる。絵人形と演者とが一体となって、しかも観客と共に、話や歌を進めることができるように、心がけたいものである。

　演者は、楽しく明るい態度で話し、早口にならず、わかり易いことばで話すことが大切である。

　また、貼るタイミング、はがすタイミング、ジェスチャー、間の取り方といったことに心がけるべきである。絵を貼る位置、全体の構成、そして絵人形とパネルの白い残りの空間とのバランスといったことにも留意したいものである。

　なお、演者はできるだけ背中を見せないように、気をつけなければならないが、かといって中腰になって絵人形を貼ったり、横から遠くの絵人形を手を伸ばして取りにいったりすることなく、自然な形で演じたいものである。演者は決して黒子ではないことを忘れてはならない。

　そして、アコーデオンやピアノやギターといった楽器を効果的に利用するとさらに盛り上がるだろう。

話の選び方

　パネルシアターの特性を生かした話をつくり出すことは、初心者にはなかな

第6章　幼児のことばを育む文化財

か大変なようである。パネルシアターの原理、方法等を熟知した上でオリジナルの作品をつくることは望ましいが、最初は基本的なテキスト、

　　古宇田亮順『こうざパネルシアター』東洋文化出版
　　古宇田亮順『パネルシアターを作る』①〜⑤、東洋文化出版
　　髙橋 司『パネルシアター保育・実践講座』大東出版社
　　髙橋 司『パネルシアター百科』四恩社

などの模倣から入ってもよい。やがて童話や民話の脚色構成を考え、自分の作品を生み出して欲しい。その場合、パネルシアター向きの作品としては、「わらしべ長者」や「ねずみの嫁入り」といった、ぐるぐる話といって、主人公をめぐって相手の人物や風景が次々と変化していくお話や、「金のガチョウ」や「大きなカブ」といった、次々と絵人形が登場してくる作品を選ぶと比較的取り組み易いものである。

　絵の変化の少ない話は、パネルシアターに適した題材とはいえず、パネルシアターは、あくまでも「絵のあるお話・歌」であることを念頭に、題材を選び出すことがコツであり、楽しい脚本のもととなるのである。

その他の留意事項

　でき上がった作品は、それぞれに愛着のあるものである。絵人形は折れ易いし、作品の中には非常に小さいものもあるかもしれない。そこで保存の方法は、空き封筒(絵人形を折らずに入れることができる大きいもの)を用意するか、自分で袋をつくりその中に入れておくとよい。袋の上には、タイトル、絵人形の種類、製作年月日などを記入しておくとさらに便利である。

　また万が一絵人形が折れ曲がった場合は、重い書籍(ex. 電話帳)で押しをするか、アイロンをかけて伸ばすことも可能である。

　最後に、Pペーパーに絵の具がのらなかった場合には、一度Pペーパーを水に浸し、かわかした上で着色すると、きれいに描くことができることを付記しておく。

6　絵本

絵本とは

　子どもたちのまわりには実にたくさんの絵本がある。絵本は今花ざかりであるといえる。
　絵本とはなにか。
　文字通り解釈すると、絵の描かれた本ということになる。
　しかしそれは絵を描いて、その説明をした本ということであるが、単にそのような解釈だけでは困るのである。あるいは文章、それは童話でも、創作でも、民話でもよい。また絵だけでもよい。文字と絵とが一体となって、文字でもない、絵でもない、いわゆる次元の異なった世界を表現しているのが絵本であるといえるのである。
　文字と絵と、あるいは絵だけでもよい。それが絵本となった時に、もう一つの世界をつくり出していることに気づいてほしい。もう一つの世界というのは、文字、あるいは絵の世界を越えた文字と絵とが一つになってつくられる世界ということである。
　そしてこの世界は、絵を読むことで幼児が目で絵を読みとる、耳からリズムのあることば、色彩のあることばを聞きとることにつながる。
　そこに絵本の芸術的価値があるといえる。
　それによって豊かな情操の世界をつくり出し、新しい世界に溶け込んでいく。そうであるから、幼児にとって文章は、絵と同じ価値の上におかれているとみてよい。
　幼児にはまず最初は大人が耳を通して絵本を読み語りする。そのリズムをさらに絵によって濃度のあるものに展開していく。そうしたことから、芸術としての絵本により、赤ちゃんの時から、ひびきやリズムのあることばを耳に入れるべきであり、その詩のようなことばの読み語りが、やがて心豊かなイメージをつくり出すといえる。

第6章　幼児のことばを育む文化財

　家庭においては、案外この絵本について無頓着である。
　よく親と連れだった幼児が、書店で絵本の選択をしているすがたを見かける。まるで玩具を選ぶような安易な心で、実に無関心に選択しているのを見るが、まことに不親切であるといえる。
　それは親が、絵本を選択する基準を持っていないということである。
　絵の大切さも必要であるが、文章の大切さも絵本には必要である。絵本をよく知り、語句、文体、そして絵といったことにもっと心を向けて選んでいく必要がある。
　初めは読み語りから始まって、やがて幼児が自分で読み、そしてだんだん絵本から筋のある書物、あるいは童話の世界に入っていくということを考えると、幼児の感動を育てるような絵本であるべきだと思う。
　もしも読み語りをする絵本であるなら（園ではこのようなことが多い）、先生は絵本から受ける感動をよく味わい、その絵本を自分自身のものとして語る必要がある。
　1人で読むようになった時でも、絵本の字が読めなくても、絵本をながめて、ひとり言をいって楽しんでいることがある。これは幼児にとって、一つの楽しみをつくり出した世界であって、このようなことから文字に親しみをおぼえ、絵によって事物を概念化することに役立つのである。
　しかし早く1人で読むことをすすめるあまり、強制的に本を読ませようとあせることは、却って逆効果である。そんなことをすると、却って読書嫌いになったり、読書に対する関心がうすれてくることがある。
　絵本とは幼児が楽しむことを前提としている。
　そういったことから、正しい絵本との出合い、すなわちよい絵本を手にする機会を多くすることは、幼児にとってうれしいことであるとともに、現在欠けている情操の陶冶ということにおいても大切なことであり、そのためには、保育者はこのよき本との出合いのために絵本への関心を深める必要がある。

絵本の教育的価値

①幼児は絵を読むことによって、自分たちが知っている事物と結びつけて理解する。

たとえば、ライオンや象といったものを動物園で見たとすると、それを絵で見ることによって、これはライオンである、これは象である、というように、絵と事物とを結びつけるのである。

象がジャングルのなかを歩いているところなどは、幼児は見たことがないが、それを絵本で見ることが、象の生活や習性を理解することに役立つのである。

3歳児ははっきりした色彩であることと、その事物が抽象化されずに、特徴をよく表している絵であると理解し易い。

4歳児は相互の関連を持った絵は、わかりにくいかもしれないが、数頁ぐらいなら理解出来る。

5歳児はストーリー性のあるものも理解できる。事物と事物との相互関係がわかるし、その場面と場面との異なりにも気づく。

②絵は色彩があり、そして事象の配列が美しい。したがって感銘も大きく、必然情操豊かになる。

とくに創作絵本などはこうした美しさを持ったものが多い。

③字の読めない幼児にとっては、ことばをおぼえる機会である。またリズミカルなことばが絵本の文章として記されているので、ことばを増やす機会をつくる。

④文字に親しむ機会をつくる。

絵本を読み語りをしてもらったり、また読んだあと話し合いをしたり、発表したりすることにより、言語活動を活発にさせるとともに、特に文章ことばの理解に役立つ。

⑤絵本はなんといっても書物である。

絵本の扱い方によって、将来の読書生活への基礎をつくることにもなる。また絵を見る興味やその態度をつくるとともに、玩具と異なっていることを知らせ、絵本の価値の正しい評価に役立つ。

⑥絵本によって事物を観察する力が培われ、物語や筋を理解して、次のあそびへ展開、たとえば話し合いや劇あそびに発展させることにも役立つ。

　しかし絵本はこのように、最初から劇あそびに発展させようという意図のもとに、作家が制作しているものでないことを知るべきであって、もし幼児が興味をもって絵本を見て、さらにそれを生かせて行動を通して、あそびたいという時は、別に止める必要はない。しかし初めから意図的に劇あそびへの展開のみを考えて保育のなかの絵本指導をするようなことは、絵本の目的とはずれることになることに気づいてもらいたい。

　絵本はなんとしても義務的に扱ったり、展開したりするものではなく、絵本の世界のすばらしさに感動して、絵本の世界が好きになるように制作されているのである。

絵本の選択

　絵本の選択はむずかしい。たとえば園において絵本を選択する場合を考えてみよう。

①園の教職員が選択する。

　そのような選択の方法が一番多い。というのは園に業者から、絵本の見本が主として新学期前に届けられる。幾冊かの絵本、それも4月号を各社のそれと比較して選択するのである。業者の方も、せめて年間の絵本刊行の見本でもあれば別であるが、1年間の絵本を、4月号だけで決めるのであるから、冒険も甚だしい。それも先生の感覚である。いけないとは言わないが、一方的な選択であるということにまちがいはない。このような絵本は、だいたいは月刊の観察絵本であるのと、時折単行本の絵本である場合もある。市販されている芸術的香りのある絵本は、園で購入することはあっても園児による購入はなされていない。

②幼児と先生とによって選択される。

　この場合も、月刊絵本であって、単行本はこのような形で選択されてはいない。これとても幼児は先生の意見に対して追従する場合が多いので、幼児参

加の意義はあまりない。

③親のみで選択する。

　新学期に絵本をならべておいて、それを親が選択して園に申し込む方法であるが、親は絵本については美しい絵であれば、中味を考えずに選択する場合があるから、まことに無責任であるといえる。

以上、園においての絵本選択のようすを記したが、次にその選び方の基準について述べる。

　①幼児のほしいものを、大人が選んで与える。

　②幼児自身がほしいものを、幼児に選ばせる。

　③幼児はほしいとは思わないが、大人が読ませたいと思って与える。

　この3つの場合がある。

　この中で①が一番望ましいといえる。

　また②の場合でも、大人が案外知らないものを、幼児によって発見することもあるので、この①、②の場合は、まず絵本を選択する一つの基準とみてよい。③の場合は強制的になったり、あるいは大人の興味で与えることのないように気をつけなければならない。幼児が絵本について、なんの関心も示さないような時には、この方法により本を与えるのであるが、このような事態を避けるためには大人自身が、絵本に関心を持つことや、童話やマスコミの世界を知り、果して幼児はどんなことに興味を持っているのか、幼児の好むものはどんなものであるのか、それを知ることも必要である。

　ただ①、②の場合には、幼児の興味が大きく働くと興味本位になり、絵本が偏り易くなって、同系統の絵本ばかりになることに気をつけるとともに、幼児の読書傾向を知るようにしてほしい。

絵本を選択する基準

①幼児の年齢に適応した絵本であること。

　児童書、絵本は今氾濫している。年間2万冊ぐらいの書物が刊行されているが、最近特に、絵本が多くなってきた。その中でよい絵本、幼児に与えてよ

い絵本を選ぶのはむずかしい。絵本の選択については、良い絵本を紹介した書物が多いので、**良書リスト**(巻末資料参照)を参考にしたり、幼児の発達過程、その知識程度、教育歴、読書歴もかかわりがあると思われるので、その幼児の能力や平素の行動なども参考にして、単に年齢だけでなく、幼児本位の絵本を選ぶようにすべきである。

②園に図書室や文庫を設置して、幼児の傾向を知るようにする。

園に特別に図書コーナーや文庫を設置している園はまだまだ少ない。しかし最近ではこうした設備が、だんだんと整えられてきている。

図書コーナーを設置している園においては、貸出ししたり、あるいは貸出したあとの残っている絵本調査をすると、その傾向がわかる。また平素の図書コーナーにおける利用度などによって幼児の興味やその好む絵本がわかるので、そうしたことによって絵本の選択を考えるようにしてもよい。

③幼児の興味だけが選択の基準とならないようにする。

男児であれば乗りもの、あるいは怪獣、科学的なもの、といったものを好むが、女児ならばままごと、あるいは物語的なものが好まれる。そしてやがて図鑑的なものにも興味がわいてくる。そのような時に、幼児の興味だけで絵本を選ぶことは、幼児にとってはうれしいことであるが、その興味、思考が偏ることになるので、保育者の考えも加えて、系統的に絵本を選択するようにしたい。

④大人の考えや感覚を押しつけないようにする。

大人は教育的な見地ということを、非常に大事に考える。すなわち育てるということよりも、教えておこうといった考えが大きいのである。しかし大人の考えが、大きく幼児にのしかかってきては、迷惑するのは幼児である。大人がよいと思った絵本が、幼児にうけなくて、幼児の目でとらえた絵本が、大人の知らない世界を育てる場合もあることに気づくべきである。もしそうなら、幼児が反響をうける絵本の中味を大人は追求すべきであるといえる。

⑤幼児が興味を持つ絵本をよく知るようにする。

興味のある絵本の中味にはどんなものがあるか。科学的な世界なのか、空想

の世界なのか、あるいは抽象的でファンタジックなものか。それは絵なのか、ストーリーなのか、また民話的な、そして郷土的な絵や文章のものなのか、といったことをよく調べて絵本の選択をするようにしなければならない。
⑥与える方法を考える。

　絵本は最初読み語りから入るのである。したがって、大人が考えた絵本を与えようと考えずに、読み語りという立場から、文章の美しいものを選ぶようにする。

　大人は、その絵本の読み語りにおける下見といったことも、十分考えなければならないし、またひらがなばかりの文字は、大人にとっては却って読みにくいのであるから、それも注意したい。さらに読み語りの際は、常に感想を聞いたり、批判させるようなことはやめなければならない。

7　テレビ

　テレビの放映は、1953（昭和28）年からである。それまで子どもを取り巻く視聴覚文化財はラジオ、紙芝居などが中心であって、この新しい視聴覚文化財は、その功罪の別なく、家庭にどんどん入ってきた。子どもたちは、今日にいたるまでテレビに酔い、その思想や行動の裏に、テレビの影響が表れているのである。

　白黒であったテレビがカラーになり、1家に1台であったテレビが2台3台となり、中には、自分だけのテレビをもっている子どももいる。そうしたマスコミの攻勢の中に泳がされているのが、今の子どもであるといえよう。

　ブラウン管の中に映像が映っていれば、大人の番組であろうと、子どもの番組であろうと、楽しむことができるのがテレビである。今日の子どもの生活は、いやおうなしにテレビ時代をかたちづくっているといえよう。

　家庭においては、子どもの所望するままテレビはつけっ放しという状態で、まさにテレビ氾濫時代であり、これに対してなんら対策がないのが現状である。

　そのテレビが、保育の場にも取り上げられるようになって久しい。

そこで、こういったテレビ番組を保育に利用することについての留意事項について述べていきたい。

保育の中での視聴

保育のなかでテレビを利用する場合、二つの方法がある。一つは、継続視聴であり、もう一つは、単発視聴である。

継続視聴は、年間を通じてテレビの幼児向けの番組を視聴することである。このような視聴形態を取る場合、相当な準備を必要とするのはいうまでもない。

たとえば、テレビ視聴とカリキュラムとの関連性の問題があげられる。

テレビの視聴を、年間のカリキュラムにどのように位置づけるかということである。ただ時間がきたから観せるというのでは、その効果はあまり期待できない。どのようにして毎日の生活の中に、テレビ放映の時間帯を嚙み合わせるかということについての方針がまず必要となる。毎日決められた時間に放映されているのであるし、園のカリキュラムをそれに合わせたり、子どもの活動を中断したりということで、テレビ視聴が優先することも有り得るのである。

次に、園の放送教育に対する姿勢を打ち出すことである。

テレビ番組を、どのように保育に活用するかということを、検討すべきである。例えば、間接の経験をテレビによって果たす場合に利用するとか、生活指導の素材をテレビに求めていくとか、視聴態度（観る態度、聞く態度）を養うとか、いろいろな活用方法が考えられよう。その場合、当然のことながら番組予定表により、番組の内容、ねらいなどを事前に知っておくことが必要である。ぶっつけ本番だけは避けなければならない。VTRの普及により、事前に視聴できるとともに、適当な時に再生できるということを大いに活用すべきであろう。

もう一つの単発視聴とはどのようなものかというと、これは、毎日の番組を自由に取り上げることであって、観せる日もあり、観せない日もあるという意味である。だからといってただ時間つぶしにテレビを観せるといった利用の仕方では困る。テレビ番組をよく調べて、保育の中における関連性のある時に利

用したり、レクリエーション的なものの場合でも、保育の中での生かし方をよく考えるべきである。保育の中での展開といったことも考えるべきであろう。

継続、単発視聴どちらにせよ、園に1台しかない場合と、各クラスに1台ずつある場合と、また、VTRの設備の充実の度合によってテレビの視聴はいろいろと考えられるので十分検討しなければならない。

視聴についての注意
　まず、テレビを置く環境について触れてみたい。
①画面に直射日光があたらないように、カーテンやその他のもので日光を防ぐ設置をする。振動、騒音がないことも大切なことである。
②すべての幼児が観易いような位置、高さになるよう配慮する。原則的に目の高さより、少し低い位置にしておくこと。
③映像からの距離は、映像の対角線から、5倍ないし10倍ぐらい離れた位置がよい。
④角度は中心線から、左右45度ぐらいがよい。
⑤保育室の明るさは、映像面の明るさよりやや暗い程度がよい。
　次に、保育の中に取り入れるに際しては、次のようなことに留意する必要がある。
　事前の指導としては、その放送内容への興味を盛り上げるようにしてもよい。ただ、内容のすべてを先に知らせておいて視聴すると、却って興味をそぐ場合もあり、テレビを視聴することに対する関心を高めるように注意すること。
　そして、放送中の指導は、ことばを挿入することによって効果をなくす場合もあるので、あまりことばを挟まない方がよい。「楽しいね」「おもしろいね」といったことばなどが適当である。
　視聴後の指導としては、行う場合もあるし、行わなくてもよい場合もある。保育者が、その内容について幼児がどの程度の理解をしているかを確かめるぐらいはよいが、あまり一つのことについて聞かない方がよい。ただ、ごっこや

第6章 幼児のことばを育む文化財

劇あそびに発展させる意図のある場合は、話し合いをもってもよいと思う。
　いずれにせよ、テレビは、観る側は番組の内容について指図できないことから、事前の番組の情報が限りなく大切であるということができる。

第7章 ことばの教育の変遷

1 明治から昭和まで

　幼稚園におけることばの教育の歴史は、1876(明治9)年に開設された東京女子師範学校付属幼稚園にまでさかのぼる。当時、保育科目として、

　　第一、「物品科」(日用ノ器物即チ椅子机或イハ禽獣花果等ニツキ其性質或ハ状等ヲシメス)、第二、「美麗科」(美麗トシ好愛スル物即チ色彩等ヲ示ス)、第三、「知識科」(観玩ニ由テ知識ヲ開ク則チ立方体或ハ幾個ノ端線平面幾個ノ角ヨリ成リ其形ハ如何ナルカ等ヲ示ス)

の3つがあった。この3科目のなかの「知識科」の25の子目のひとつに「談話」が登場している。

　倉敷尋常小学校付属幼稚園の保育規定によると、「説話」とは、

　　実物・標本・図画等ヲ用ヒ談話ヲナシテ徳性ヲ養ヒ且ツ庶物ノ性質用名等ヲ知ラシム

とあり、今日のことばの教育の源ということができる。

　そして、1881(明治14)年に、この「保育科目」が改定され、「説話」が「談話」に改められた。また、「修身ノ話」が加えられ、

　　修身ノ話ハ和漢ノ聖賢ノ教ニ基キ近易ノ談話ヲナシ孝悌忠信ノコトヲ知ラシメ務メテ善良ノ性情習慣ヲ養ハンコトヲ要ス

としている。

　また、「読ミ方」「書キ方」も加えられ、

　　読ミ方ハ、始メニハ片仮名、平仮名ヲ以テ幼児ノ知リタルモノノ名等ノ綴リ方易キモノヲ黒板ニ書キ示シテ、仮名ノ称エ方ヲ教フルヲ旨トシ後ニハ仮名ヲ記セル骨牌ヲ以テ物ノ名等ヲ綴ラシム

　　書キ方ハ片仮名、平仮名ヲ以テ既ニ授ケタル物ノ名等ヲ黒板ニ書キ示シテ

第7章 ことばの教育の変遷

　　　石盤ノ上ニ習ワシメ又数字ヲ習ワシム

とある。すでに、読み書きが取り入れられていたことがわかるが、年長児に対してのみ課していたようで、保護者からの要望を園が受け入れたとみられる。

　そして、1899(明治32)年6月、『**幼稚園保育及設備規程**』が文部省令として制定され、保育内容は、「**遊戯、唱歌、談話、手技**」の4項目となり、「談話」は、

　　　談話ハ有益ニシテ興アル事実及寓話、通常ノ天然物及人工物等ニ就キテ之ヲナシ徳性ヲ涵養シ観察注意ノ力ヲ養ヒ兼テ発音ヲ正シクシ言語ヲ練習セシム

とある。

　続いて、1926(大正15)年に公布された『**幼稚園令**』において、

　　　幼稚園ノ保育項目ハ遊戯、唱歌、観察、談話、手技等トス

と、保育項目に「観察」と「等」が加えられた。

　談話については、昔話や童話の他、教訓的な話や、行事の話が取り入れられ、会集の中心をなすと考えていた園も多かった。

　実際、内山憲尚の作成した「談話配当案」を見てみると、童話のほか、神話や歴史物語などがたくさん含まれていたことがわかる(145頁「談話配当案」参照)。

　これらを見てみると、あくまでも保育者中心の保育であり、保育者の一方通行のことばのしつけが主であったといえる。

　1947(昭和22)年に、「**学校教育法**」が施行され、幼稚園が学校教育法上に位置づけられた。その第78条42項に、

　　　言語の使い方を正しく導き、童話、絵本等に対する興味を養うこと。

とある。

　この「学校教育法」を受け、1948(昭和23)年3月、『**保育要領**』が文部省より刊行された。

　それによると、保育内容として次の12の項目が示されたのである。

　1、見学　2、リズム　3、休息　4、自由遊び　5、音楽　6、お話
　7、絵画　8、製作　9、自然観察　10、ごっこ遊び・劇遊び・人形芝居
　11、健康保育　12、年中行事

「談話配当案」（4・5月抜粋）

月	週	談話題名	原據	年中行事	連絡 手技	連絡 唱歌	連絡 遊戯	連絡 歓祭	連絡 訓練
四月	第一週	自由發表／花まつり／桃太郎（童）／笑ひ話（朗）／小さいお婆さん	日本／グリム	花まつり	花まつり	ひらいたひらいた／幼稚園の花まつり	ひらいた／桃太郎	櫻	物の處理／友達同志仲よく遊ぶ
四月	第二週	自由發表／飛行機の話（紙）／聖徳太子様（談）／大きな球（童）／舌切雀（紙）	日本／資料	聖徳太子祭	蝶々／飛行機	お誕生の歌／飛行機	飛行機	蝶々	挨拶のことばを中心に
四月	第三週	自由發表／猿蟹合戰（紙）／三匹の豚（折）／ピーター兎（紙）	日本／折童		豚／花	お辨當の歌／さつき踊	さつき踊	花	挨拶のことばを中心に
四月	第四週	自由發表／天長節（行）／赤づきん（人）／お結びころりん（紙）／靖國神社の話（談）	日本／グリム	天長節／靖國神社祭	國旗／各國旗	旗々萬歲／日の丸進行	旗々萬歲	各國旗	國旗に對する態度
五月	第一週	自由發表／鯉のぼりと燕さん（行）／端午節句（行）／金太郎（童）／軍用犬の手柄（紙）	日本	端午節句祭	鯉のぼり／あやめ／燕	お節句の歌／金太郎	金太郎	お節句を中心として	草木を愛すること
五月	第二週	自由發表／たんぽぽの三つの種子（紙）／十匹の豚（童）／春の歌（談）／遠足	折童／資料	遠足	たんぽぽ／牧場	ピクニック	ピクニック	遠足を中心として	元氣に遊ぶこと

内山憲尚著『談話法』東洋図書株式合資会社（昭和15年刊）

このうち、6のお話には、

- ことばの抑揚、発音、声の調子、語数、文法等すべて耳を通して習得するのであるから常に正しいことばを聞かせてやることが大切である。
- 幼児自らが話をするように指導することも大切である。それには幼児に話をする必要を誘発してやる。親しみのある態度をもって幼児の興味のあることがらについて話しかけてやる。
- かれらの意志や思想を発表する必要を感じている時に、適切にして正確なこ

第7章　ことばの教育の変遷

とばの使用を知らせてやればよい。遠足に出かけたり、やお屋を見学したり、郵便局を訪れたりして、新しいことば、新しい表現を習得してゆく。そして、そのあとで話し合いの会を開いたり、ごっこ遊びをしたり、やさしい劇に取り組んだりすることはいっそう効果的であろう。

- 人の語ることばをよく聞く態度を養成することも大切である。このためには、童話・おとぎ話・詩などを聞かせてやる。それはまた幼児の想像を豊かにするものである。

以上のことから、幼児の聞く、話す活動を重んじていることが分かるし、「ことばのしつけ」から「ことばの活動」へと移行しつつあるが、「実践上は、お話ということばが暗示するように、まとまった話、童話という文化遺産的なものを『しつけ』と結びつけて、幼児に話して聞かせることが特徴であった」(幼少年教育研究所編『言語』協同出版、33頁)のである。

本格的にことばの教育が現れるのは、1956(昭和31)年に文部省より発行された『幼稚園教育要領』を待たなければならないのである。

ここでは、幼稚園教育の内容を、健康・社会・自然・言語・音楽リズム・絵画製作の6領域に分けた。

すでに、「学校教育法」第78条には幼稚園教育の目標があげられ、

　　言語の使い方を正しく導き、童話、絵本等に対する興味を養うこと。

とあり、それを受けて、4「言語」望ましい経験には、

　　1、話をする。
　　2、話を聞く。
　　3、絵本、紙芝居、劇、幻燈、映画などを楽しむ。
　　4、数量や形、位置や速度などの概要を表す簡単な日常用語を使う。

とあり、この教育要領は、名実ともに「ことばの活動」を中心に置く「言語教育」の流れの中で誕生した成果であるということができる(前掲書、27頁)。

続いて、1964(昭和39)年に『幼稚園教育要領』が改訂されて、「言語」の領域に4つの大きな柱がたてられた。

　　1、人のことばや話などを聞いてわかるようになる。

2、経験したことや自分の思うことなどを話すことができるようになる。
　　3、日常生活に必要なことばが正しく使えるようになる。
　　4、絵本、紙芝居などに親しみ、想像力を豊かにする。
と、言語を、「話し方」と「聞き方」の2つに分けている。基本方針にも、
　　人の話を聞く正しい態度を養うとともに、人にわかることばを使おうとする意欲を育て、ことばの正しい使い方を身につけるようにすること。
と、活動分野ではなく、言語能力に対する理念、目標が強く出されている。

　ところが、時代の大きな変化、とりわけ、幼児を取り巻く環境の変化、幼児の発達加速現象等に加え、幼児数の減少による幼稚園教育の実態上の問題は、様々な弊害をもたらした。

　すなわち、6領域を、小学校の教科に結びついたり、「言語」の領域についていえば、先生が自分の思いどおりに活動を与え、やたらと語彙の数を増やすことにやっきになったり、一斉に文字を教えたり、無理やり聞く態度を求めたり、話すことを教えたりするような問題が出てきたのである。

　そこで、領域の性格が小学校の教科と混同されやすい実情を排し、先生主導型に陥りやすい受け止め方を是正すべく、幼児の発達の側面から領域を再構成し、1989(平成元)年、新しい『幼稚園教育要領』が公布されたのである。

2　平成版『幼稚園教育要領』

　平成元年版『**幼稚園教育要領**』では、第1章総則に、幼稚園教育の基本として、「幼児期の特性を踏まえ**環境を通して行うものである**」ことを打ち出し、次の3点を重視すべきであるとしている。

　(1) 幼児は安定した情緒の下で、自己を十分に発揮することにより、発達に必要な体験を得ていくものであることを考慮して、幼児の主体的な活動を促し、幼児期にふさわしい生活が展開されるようにすること。

　(2) 幼児の自発的な活動としての遊びは、心身の調和のとれた発達の基礎を培う重要な学習であることを考慮して、遊びを通しての指導を中心とし

て第2章に示すねらいが総合的に達成されるようにすること。
(3) 幼児の発達は、心身の諸側面が相互に関連し合い多様な経過をたどって成し遂げられていくものであること、また幼児の生活経験がそれぞれ異なることなどを考慮して、幼児一人一人の特性に応じ発達の課題に即した指導を行うようにすること。

そして、次の目標を達成することが望まれている。
(1) 健康、安全で幸福な生活のための基本的な生活習慣・態度を育て、健全な心身の基礎を培うようにすること。
(2) 人への愛情や信頼感を育て、自立と協同の態度及び道徳性の芽生えを培うようにすること。
(3) 自然などの身近な事象への興味や関心を育て、それらに対する豊かな心情や思考力の芽生えを培うようにすること。
(4) 日常生活の中でことばへの興味や関心を育て、喜んで話したり聞いたりする態度やことばに対する感覚を養うようにすること。
(5) 多様な体験を通じて豊かな感性を育て、想像性を豊かにするようにすること。

これらをもとに、幼稚園修了までに育つことが期待される「ねらい」が心情・意欲・態度としてそれぞれ示され、ねらいを達成するための先生の指導の「内容」が示されている。そして、それらの「ねらい」や「内容」を**発達の側面**からまとめたものが、5領域として示されているのである。すなわち、

- 心身の健康に関する領域＜**健康**＞
- 人とのかかわりに関する領域＜**人間関係**＞
- 身近な環境とのかかわりに関する領域＜**環境**＞
- 言葉の獲得に関する領域＜**言葉**＞
- 感性と表現に関する領域＜**表現**＞

この中で「言葉」の領域では、
　　経験したことや考えたことなどを話し言葉を使って表現し、相手の話す言葉を聞こうとする意欲や態度を育て、言葉に対する感覚を養う。

ことを観点として、「ねらい」と「内容」が設けられている。
1　ねらい
　(1)　自分の気持ちを言葉で表現し、伝え合う喜びを味わう。
　(2)　人の言葉や話などをよく聞き、自分の経験したことや考えたことを話そうとする。
　(3)　日常生活に必要な言葉が分かるようになるとともに、絵本や物語などに親しみ、想像力を豊かにする。
2　内容
　(1)　先生や友達の言葉や話に興味や関心をもち、親しみをもって聞いたり話したりする。
　(2)　したこと、見たこと、聞いたこと、感じたことなどを自分なりに言葉で表現する。
　(3)　したいこと、してほしいことを言葉で表現したり、分からないことを尋ねたりする。
　(4)　人の話を注意して聞き、相手に分かるように話す。
　(5)　生活の中で必要な言葉が分かり、使う。
　(6)　親しみをもって日常のあいさつをする。
　(7)　生活の中で言葉の楽しさや美しさに気付く。
　(8)　いろいろな体験を通じてイメージやことばを豊かにする。
　(9)　絵本や物語などに親しみ、興味をもって聞き想像する楽しさを味わう。
　(10)　日常生活に必要な簡単な標識や文字などに関心をもつ。
　また、『幼稚園教育指導書増補版』にも、
　　言葉は、身近な親しみをもって接し、自分の感情や意志などを言葉で伝えようとし、それに相手が応答することや、身近な人の言葉を聞くことを通して次第に獲得されていくものである。
　　また、幼児の認識や思考は言葉を使うことで確かなものになっていく。したがって、幼稚園においては生活の中で心を動かし表現したくなるような体験を豊富にもつこと、言葉を交わす喜びを味わえるような友達や教師の

第7章　ことばの教育の変遷

　　存在があること、話したり聞いたりする経験を十分もつことなどが、言葉
　　を使って表現する意欲や態度を育てる上で大切なことである。
　　　さらに、絵本、物語などに親しむことによって様々な言葉に接することも、
　　言葉に対する感覚を培ううえで必要なことである。
　　　これらのねらいを達成するためには、このような望ましい言語環境の中で
　　生活し、自然な形で話したり聞いたりする経験を豊富にもつことが大切で
　　ある。
　　　また、言葉は日常生活の中で育つものであることに留意し、特別に取り出
　　して指導するのではなく、全生活の中で言葉による表現が十分に行われる
　　ようにする必要がある。
と述べられているが、幼児期のことばの体験として、改めて「聞く」、「話す」経
験を豊かにすることの大切さが確認されたといえる。
　平成10年版『幼稚園教育要領』の「言葉」の領域では、
　　経験したことや考えたことなどを自分なりの言葉で表現し、相手の話す言
　　葉を聞こうとする意欲や態度を育て、言葉に対する感覚や言葉で表現する
　　力を養う。
ことを観点として、「ねらい」と「内容」が設けられている。
1　ねらい
　（1）自分の気持ちを言葉で表現する楽しさを味わう。
　（2）人の言葉や話などをよく聞き、自分の経験したことや考えたことを話し、
　　　伝えあう喜びを味わう。
　（3）日常生活に必要な言葉が分かるようになるとともに、絵本や物語などに
　　　親しみ、先生や友達と心を通わせる。
2　内容
　（1）先生や友達の言葉や話に興味や関心をもち、親しみをもって聞いたり、
　　　話したりする。
　（2）したこと、見たこと、聞いたこと、感じたことなどを自分なりに言葉で
　　　表現する。

(3) したいこと、してほしいことを言葉で表現したり、分からないことを尋ねたりする。
(4) 人の話に注意して聞き、相手に分かるように話す。
(5) 生活の中で必要な言葉が分かり、使う。
(6) 親しみをもって日常のあいさつをする。
(7) 生活の中で言葉の楽しさや美しさに気付く。
(8) いろいろな体験を通じてイメージや言葉を豊かにする。
(9) 絵本や物語などに親しみ、興味をもって聞き、想像する楽しさを味わう。
(10) 日常生活の中で、文字などで伝える楽しさを味わう。

とある。自分の思いや意思をことばで表現したり、自分なりの表現が周囲の人たちに伝わる喜びや満足感を味わったり、相手に分かることばで表現し伝えたり、相手に分かるように話し方を変えたりすることが大切で、「自分なりの言葉」をもつということが強調されている。そのためには、絵本や物語や紙芝居などに親しんだり、他にもさまざまな豊かな体験をもつことが、ことばを豊かにしていく条件であるということができる。

心を揺さぶる、感動する、心に響くといった多様な体験が重要であるということが示されている。

3　新しい『幼稚園教育要領』

近年社会状況が激変する中で、幼児を取り巻く環境の変化は著しいものがある。平成17年1月中央教育審議会答申で、「**子どもを取り巻く環境の変化を踏まえた今後の幼児教育の在り方**」が出され、「**基本的生活習慣の欠如**」「**コミュニケーション能力の欠如**」「**自制心や規範意識の希薄化**」「**運動能力の低下**」など深刻な問題が指摘された。その後、平成18年12月に、教育基本法が改正され、次いで平成19年6月、「**学校教育法**」の一部が改正された。

その中で、幼稚園の目標の見直しが行われ、ことばの教育に関しては、
　第二十三条の四で、

第7章　ことばの教育の変遷

　日常の会話や、絵本、童話等に親しむことを通じて、ことばの使い方を正しく導くとともに、相手の話を理解しようとする態度を養うこと。
と、コミュニケーション能力の態度を培うことが記された。
　そして、**平成20年版『幼稚園教育要領』**の「**言葉**」の領域では、
　　経験したことや考えたことなどを自分なりの言葉で表現し、相手の話す言葉を聞こうとする意欲や態度を育て、言葉に対する感覚や言葉で表現する力を養う。
1　ねらい
　(1)　自分の気持ちを言葉で表現する楽しさを味わう。
　(2)　人の言葉や話などをよく聞き、自分の経験したことや考えたことを話し、伝えあう喜びを味わう。
　(3)　日常生活に必要な言葉が分かるようになるとともに、絵本や物語などに親しみ、先生や友達と心を通わせる。
2　内容
　(1)　先生や友達の言葉や話に興味や関心をもち、親しみをもって聞いたり、話したりする。
　(2)　<u>したり、見たり、聞いたり、感じたり、考えたりなどしたことを自分なりに言葉で表現する。</u>
　(3)　したいこと、してほしいことを言葉で表現したり、分からないことを尋ねたりする。
　(4)　人の話を注意して聞き、相手に分かるように話す。
　(5)　生活の中で必要な言葉が分かり、使う。
　(6)　親しみをもって日常のあいさつをする。
　(7)　生活の中で言葉の楽しさや美しさに気付く。
　(8)　いろいろな体験を通じてイメージや言葉を豊かにする。
　(9)　絵本や物語などに親しみ、興味をもって聞き、想像する楽しさを味わう。
　(10)　日常生活の中で、文字などで伝える楽しさを味わう。

3 内容の取扱い

上記の取扱いに当たっては、次の事項に留意する必要がある。
(1) 言葉は、身近な人に親しみをもって接し、自分の感情や意志などを伝え、それに相手が応答し、その言葉を聞くことを通して次第に獲得されていくものであることを考慮して、幼児が教師や他の幼児とかかわることにより心を動かすような体験をし、言葉を交わす喜びを味わえるようにすること。
(2) <u>幼児が自分の思いを言葉で伝えるとともに、教師や他の幼児などの話を興味をもって注意して聞くことを通して次第に話を理解するようになっていき、言葉による伝え合いができるようにすること。</u>
(3) 絵本や物語などで、その内容と自分の経験とを結び付けたり、想像を巡らせたりするなど、楽しみを十分に味わうことによって、次第に豊かなイメージをもち、言葉に対する感覚が養われるようにすること。
(4) <u>幼児が日常生活の中で、文字などを使いながら思ったことや考えたことを伝える喜びや楽しさを味わい、文字に対する興味や関心をもつようにすること。</u>

とある。

平成10年版『幼稚園教育要領』と比較してみると、「したり、見たり、聞いたり、感じたり、考えたりしたこと」を自分のことばで表現することと、従来の「かかわる」「応答」「交わす」に加えて、「伝える」「伝え合い」(内容の取扱い)などの文言にあらわされるように、人とことばによる伝えあいをしていくことが大切であるということがあげられる。日々の保育の中で他の幼児の話に興味を持ち注意して聞くことを通して、友達の話を聞こうとする姿勢が育っていくということから、子ども同士のことばを介しての伝え合いの楽しさを味あわせるようにしたいものである。そのためにも先生自身のことばの使い方に加え、先生自身のことばの豊かさを再認識していくことが大切となる。

参 考 資 料

1 楽譜

2 良書リストの統合による
  総合良書リスト

あいさつあそび

高橋良和 作詞
本多鉄麿 作曲

1 あさです すずめが チュン チュン チュン
2 からすも おやまへ カァ カァ カァ
おかおを あらって げんきがよく
おひさま しずんで つきがでた
さてさて どんな ごあいさつ

お店屋あそび

高橋良和 作詞
本多鉄麿 作曲

1. おかしやさんの おみせには なにとなにが ありますか さあさあ げんきに こたえましょう
2. さかなやさんの

この音なあに

高橋良和 作詞
本多鉄麿 作曲

話してるように（♩=100）

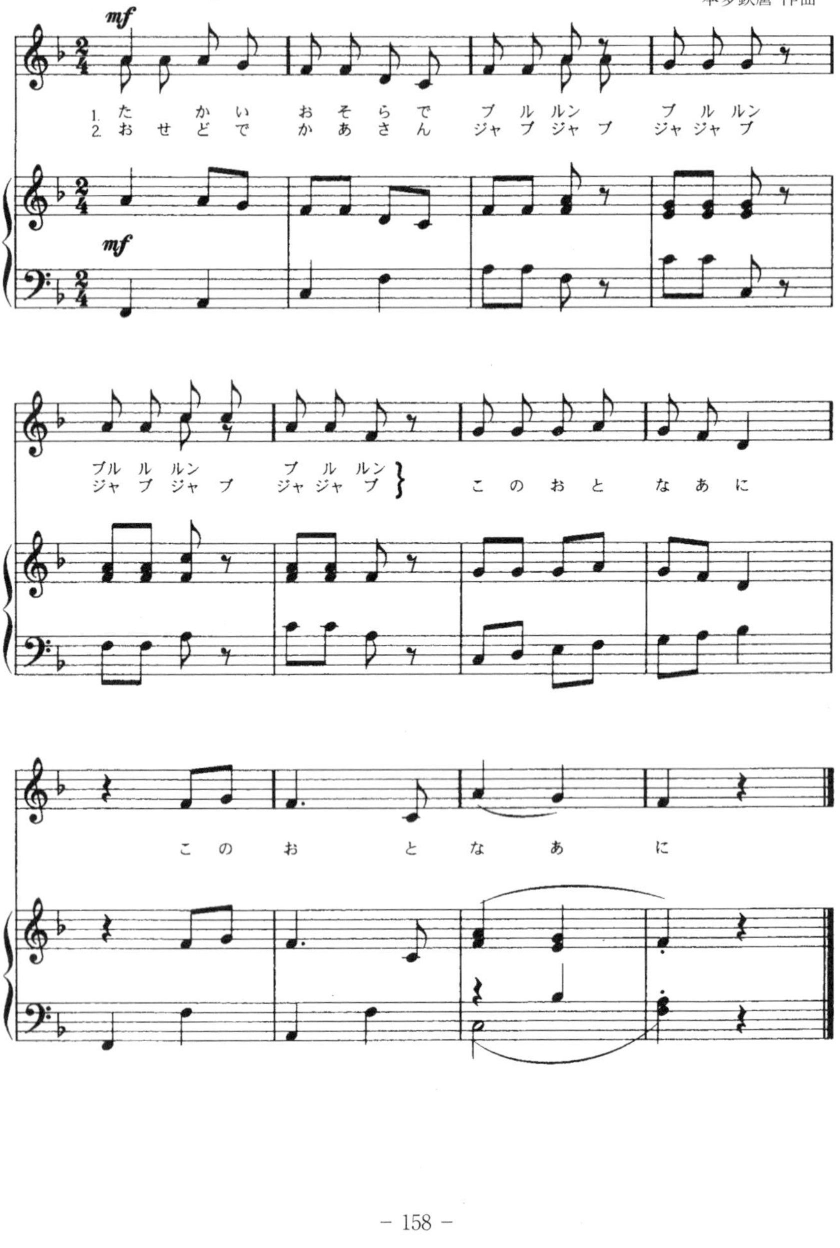

なきごえあそび

高橋良和 作詞
本多鉄磨 作曲

1. ぶた が チュンチュンチュン　すずめ が ブゥブゥブゥ
2. うし が ヒンヒンヒン　うーま が モゥモゥモゥ
3. あひる が メェメェメェ　やーぎ が ゲゲゲ

おさる が ワンワンワン　いぬ が キャッキャッキャッ
にわとり が ニャオニャオニャオ　ねこ が コケコッコウ
ふくろ が ワァワァワァ　とら が ホウホウホウ

はてな　これは　おかしいな

参考資料

反対あそび

高橋良和 作詞
本多鉄麿 作曲

Moderato

おあそび おあそび はんたいあそび あついの
はんたい さむいです さむいの はんたい
あついです それでは これから はじめましょう

あの字のつくもの

高橋良和 作詞
本多鉄麿 作曲

たのしく (♩=100)

1. あ のじの つくもの なんでしょう
2. い のじの

あ のじの つくもの いくつある

みんなで いいましょ かぞえましょ

参考資料

だれでしょう

古宇田亮順 作詞
真野泰治 作曲

前奏　　　　　　　　　　　　うた
だーれ　だーれ

ももから うまれた おとこのこ　だーれ　だーれ

間奏

1. だーれ　だーれ　桃から生れた　男の子
   だーれ　だーれ　　　（桃太郎）
2. だーれ　だーれ　竹から生れた　女の子
   だーれ　だーれ　　　（かぐや姫）
3. だーれ　だーれ　木から生れた　男の子
   だーれ　だーれ　　　（ピノキオ）
4. だーれ　だーれ　チューリップから生れた　女の子
   だーれ　だーれ　　　（親指姫）

5. だーれ　だーれ　岩からとびでた　お猿さん
   だーれ　だーれ　　　（孫悟空）
6. だーれ　だーれ　卵がわれてでてくるものは
   だーれ　だーれ　　　（ひよこ）
7. だーれ　だーれ　もじゃもじゃ毛虫が　大きく
   なれば　だーれ　だーれ　（ちょうちょ）
8. だーれ　だーれ　おたまじゃくしが　大きく
   なれば　だーれ　だーれ　（かえる）

赤いものなあに

三橋あきら 作詞
本多鉄麿 作曲

1. あかいもの なあに なんでしょね
2. きいろいもの

みんなで さがして あそび ましょう

{ あかいもの / きいろいもの } なあに さがし ましょう

- 163 -

数あそび

参考資料

たのしく（♩=100）

高橋良和 作詞
本多鉄麿 作曲

1. たくさん おふね が ういて いて る
2. たくさん じどうしゃ はなしらん てで る
3. たくさん えほん が ならんで る

みんなで かぞえて あそびましょう

良書リストの統合による総合良書リスト

No.	書 名	文	絵 (名は省略)	訳	出版社	出版年 (昭和)	1次 (S43)	2次 (S50)	3次 (S57)	4次 (H1)	計 103	推薦数の動き	備考
1	ぐりとぐら	中川	大村	―	福	38	13	15	20	27	75	AAAA	OBL
2	いたずらきかんしゃちゅうちゅう	バートン	=	村岡	福	36	15	15	16	26	72	AAAA	OBL
3	ちいさいおうち	バートン	=	石井	岩波	29	15	19	18	19	71	AAAA	O
4	三びきのやぎのがらがらどん	民話	ブラウン	瀬田	福	40	10	14	19	27	70	AAAA	OBL
5	てぶくろ	民話	ラチョフ	内田	福	43	8	12	27	22	69	CAAA	OBL
6	おおきなかぶ(民話の再話)	内田	佐藤	―	福	37	12	15	15	23	65	AAAA	OBL
7	どろんこハリー	ジオン	グレアム	渡辺	福	39	14	14	15	21	64	AAAA	O L
8	もりのなか	エック	=	まさき	福	38	10	11	20	23	64	BBAA	O
9	はなをくんくん	クラウス	サイモント	木島	福	42	6	12	23	21	62	DAAA	L
10	かばくん	岸田	中谷	―	福	37	13	15	19	14	61	AAAB	O L
11	かにむかし	木下	清水	―	岩波	34	16	18	9	16	59	AACA	O
12	しろいうさぎとくろいうさぎ	ウイリアムズ	=	松岡	福	40	9	14	20	15	58	CAAB	OBL
13	ひとまねこざる	レイ	=	光吉	岩波	29	12	15	9	21	57	AACA	O
14	あおくんときいろちゃん	レオーニ	=	藤田	至光社	42	2	8	26	20	56	ECAA	
15	ふしぎなたけのこ	松野	瀬川	―	福	38	14	15	13	12	54	AABC	O L
16	きかんしゃやえもん	阿川	岡部	―	岩波	39	15	16	9	13	53	AACB	O
17	しょうぼうじどうしゃじぷた	渡辺	山本	―	福	38	10	14	11	17	52	BABA	OBL
18	こどもがはじめてであう絵本	ブルーナ	=	石井	福	39	13	14	10	14	51	AACB	OBL
19	はなのすきなうし	ルーフ	=	ローソン	光吉	岩波	29	13	13	11	14	51	AABB
20	スーホの白い馬(民話の再話)	大塚	赤羽	―	福	42	5	10	16	17	48	DBAA	O
21	おかあさんだいすき	ブラック	=	光吉	岩波	29	13	13	6	16	48	AADB	
22	しずかなおはなし	マルシャーク	レーベデフ	内田	福	38	14	10	7	14	45	ABDB	
23	チムとゆうかんなせんちょうさん	アンディゾーニ	=	瀬田	福	38	13	13	8	11	45	AACC	
24	かさじぞう	瀬田	赤羽	―	福	41	6	9	14	15	44	DBBB	O
25	ねずみくんのチョッキ	なかえ	上野	―	ポプラ社	49	―	3	22	19	44	FEAA	BL
26	やまんばのにしき	松谷	瀬川	―	ポプラ社	44	6	14	12	12	44	DABC	L
27	いやいやえん	中川	大村	―	福	37	14	14	3	12	43	AAEC	OB
28	かいじゅうたちのいるところ	センダック	=	神宮	冨山房	50	―	―	19	24	43	FFAA	
29	おおきなおおきなおいも	赤羽	=	―	福	47	―	5	19	19	43	FDAA	O L
30	おやすみなさいのほん	ブラウン	シャロー	石井	福	37	11	9	7	15	42	BBDB	
31	おやすみなさいフランシス	ホーバン	ウイリアムズ	松岡	福	41	6	10	8	17	41	DBCA	
32	わたしとあそんで	エッツ	=	与田	福	43	―	9	15	17	41	FBAA	O
33	わたしのワンピース	にしまき	=	―	こぐま社	44	―	8	13	20	41	FCBA	
34	かもさんおとおり	マックロスキー	=	渡辺	福	40	8	14	8	10	40	CACC	
35	11ぴきのねこ	馬場	=	―	こぐま社	42	1	7	12	20	40	ECBA	O
36	だいくとおにろく	松居	赤羽	―	福	37	10	10	6	14	40	BBDB	O
37	だるまちゃんとてんぐちゃん	加古	=	―	福	42	5	10	11	14	40	DBBB	O L
38	ちからたろう	今江	田島(征三)	―	ポプラ社	43	2	11	15	11	39	EBAC	O L
39	ねむりひめ	グリム	ホフマン	瀬田	福	38	11	12	11	5	39	BABE	
40	いたずらこねこ	クック	チャーリップ	まさき	福	39	8	9	9	12	38	CBCC	
41	おおかみと七ひきのこやぎ	グリム	ホフマン	瀬田	福	42	4	10	9	15	38	DBCB	I
42	あおい目のこねこ	マチーセン	=	瀬田	福	40	11	10	7	9	37	BBDD	
43	こねこのぴっち	フィッシャー	=	石井	岩波	29	13	12	6	6	37	AADE	
44	ももたろう	松居	赤羽	―	福	40	11	11	7	8	37	BBCD	
45	三びきのこぶた	民話	山田	瀬田	福	42	4	12	9	11	36	DACC	O L

参考資料

46	どうぶつのおやこ	藪内	=	-	福	41	2	6	8	20	36	EDCA	
47	かわ	加古	=	-	福	37	7	6	9	13	35	CDCB	L
48	たろうのおでかけ	村山	堀内	-	福	38	9	9	6	11	35	CBDC	O L
49	ちいさなねこ	石井	堀内	-	福	38	11	8	5	11	35	BCDC	
50	まりーちゃんとひつじ	フランソワーズ	=	-	与田	岩波	31	10	9	4	12	35	BBEC	
51	モチモチの木	斉藤	滝平	-	岩崎	46	-	7	16	12	35	FCAC	
52	いないいないばあ	松谷	瀬川	-	童心社	42	4	8	4	18	34	DCEA	OBL
53	はけたよはけたよ	神沢	西巻	-	借成社	45	-	6	11	17	34	FDBA	OBL
54	ろくべえまってろよ	灰谷	長	-	文研	50	-	-	22	12	34	FFAC	
55	おしゃべりなたまごやき	寺村	長	-	福	34	3	8	14	8	33	ECBD	BL
56	すてきな三にんぐみ	アングラー	=	今江	借成社	44	-	5	18	10	33	FDAC	O
57	ちいさいモモちゃん	松谷	菊池	-	講談社	39	5	10	4	14	33	DBEB	O L
58	はらぺこあおむし	カール	=	森	借成社	51	-	-	11	21	33	FFBA	
59	ピーターのいす	キーツ	=	木島	借成社	44	-	6	10	17	33	FDCA	
60	ゆきのひ	キーツ	=	木島	借成社	44	-	11	10	12	33	FBCC	
61	おばけのバーババパ	チゾン,ティラー	=	山下	借成社	47	-	6	11	15	32	FDBB	OBL
62	どろんここぶた	ロベール	=	岸田	文化	46	-	5	16	11	32	FDAC	O L
63	たんじょうび	フィッシャー	=	大塚	福	40	5	8	9	9	31	DCCD	
64	ちびくろさんぽ	バンナマン	トビアス	光吉	岩波	28	11	10	4	6	31	BBEE	O
65	ブレーメンのおんがくたい	グリム	フィッシャー	瀬田	福	39	6	10	8	6	31	BBCE	BL
66	おじさんのかさ	きの	=	-	銀河社	49	-	0	12	17	29	FEBA	
67	100まんびきのねこ	カアグ	=	石井	福	36	10	7	6	6	29	BCDE	
68	ももいろのきりん	中川	中川(宗)	-	福	40	8	11	2	8	29	CBED	
69	ごきげんなライオン	ファティオ	デュボサン	村岡	福	39	7	9	6	6	28	CBDE	
70	のろまなローラー	小出	山本	-	福	40	7	4	4	13	28	CEEB	O
71	ふたりはともだち	ロベール	=	三木	文化	47	-	4	16	8	28	FEAD	
72	おしいれのぼうけん	古田	田畑	-	童心社	49	-	1	16	10	27	FEAC	OBL
73	ピーター・ラビットのおはなし	ポッター	=	石井	福	46	-	5	12	10	27	FDBC	
74	ぐるんぱのようちえん	西内	堀内	-	福	45	-	6	7	13	26	FDDB	O L
75	とこちゃんはどこ	松岡	加古	-	福	45	-	7	6	13	26	FCDB	O L
76	ふしぎなたいこ	岩波編集部	-	岩波	29	10	8	4	4	26	BCEE	O
77	よあけ	シュルビッツ	=	瀬田	福	52	-	-	16	10	26	FFAC	
78	ロージーのおさんぽ	ハッチンス	=	渡辺	借成社	50	-	-	11	15	26	FFBB	
79	おだんごぱん	民話	脇田	瀬田	福	41	0	6	8	11	25	EDCC	
80	王さまと九にんのきょうだい	昔話	赤羽	君島	岩波	44	-	10	7	8	25	FBDD	
81	三びきのくま	トルストイ	バズネヴォフ	おがきわら	福	37	2	10	3	10	25	EBEC	O
82	スイミー	レオーニ	=	谷川	好学社	44	-	6	12	7	25	FDBD	
83	そらいろのたね	中川	大村	-	福	39	9	5	3	8	25	CDED	
84	マーシャとくま	民話	ラチョフ	内田	福	38	11	9	2	2	24	BBEE	II OL
85	とらっくとらっくとらっく	渡辺	山本	-	福	36	10	5	4	5	24	BDEE	O
86	ふきまんぷく	田島(征三)	-	借成社	48	-	2	14	8	24	FEBD	
87	海のおばけオーリー	エッグ	=	石井	岩波	29	7	5	6	5	23	CDDE	
88	エルマーのぼうけん	Rガネット	Cガネット	渡辺	福	38	3	8	3	9	23	ECED	OBL
89	ごろはちだいみょうじん	中川	梶山	-	福	44	-	6	11	6	23	FDBE	
90	しずくのぼうけん	ラルリゴフスカ	ブテンコ	内田	福	44	-	7	7	8	23	FCDD	O
91	ティッチ	ハッチンス	=	石井	福	50	-	-	11	9	23	FFBC	
92	はせがわくんきらいや	長谷川	=	-	すばる	52	-	-	17	6	23	FFAE	
93	はたらきものうじょせつしゃけいてい	バートン	=	石井	福	37	7	7	3	6	23	CCEE	
94	八郎	斉藤	滝平	-	福	42	2	5	9	7	23	EDCD	

- 166 -

95	フレデリック	レオーニ	=	谷川	好学社	44	-	4	14	5	23	FEBE	
96	ゆかいなかえる	キーツ	=	石井	福	39	8	5	3	7	23	CDED	
97	ラチとらいおん	ベロニカ	=	徳永	福	40	5	7	5	6	23	DCDE	
98	うんがにおちたうし	ラクシシスキー	アパイアー	みなみ	ポプラ社	42	3	10	4	5	22	EBEE	O
99	大雪	ヘンツ	=	生野	岩波	40	5	5	7	5	22	DDDE	
100	かたあしだちょうのエルフ	おのき	=	-	ポプラ社	45	-	7	7	8	22	FCDD	L
101	ききみみずきん	木下	初山	-	岩波	31	8	8	4	2	22	CCEE	
102	くまの子ウーフ	神沢	井上	-	ポプラ社	44	-	6	4	12	22	FDEC	
103	はじめてのおるすばん	しみず(み)	山本(ま)	-	岩崎	47	-	5	2	15	22	FDEB	
104	ふるやのもり	瀬田	田島(征三)	-	福	40	3	4	8	7	22	EECD	
105	ことばあそびうた	谷川	瀬川	-	福	48	-	1	9	11	21	FECC	L
106	じどうしゃ	寺島	=	-	福	41	0	8	5	8	21	ECDD	
107	どうぶつのこどもたち	マルシャーク	レーベデフ	石井	岩波	29	11	6	2	2	21	BDEE	
108	まっくろネリノ	ガルラー	=	やがわ	借成社	48	-	5	7	9	21	FDDD	
109	あさえとちいさいいもうと	筒井	林	-	福	54	-	-	-	20	20	FFFA	
110	あふりかのたいこ	瀬田	寺島	-	福	37	10	7	2	1	20	BCEE	
111	アンガスとあひる	ブラック	=	瀬田	福	49	-	1	5	14	20	FEDB	
112	おおきな木がほしい	さとう	むらかみ	-	借成社	46	-	8	5	7	20	FCDD	O
113	おばあさんのひこうき	佐藤	=	-	小峰	42	4	12	1	3	20	DAEE	L
114	げんきなマドレーヌ	ベーメルマンス	=	瀬田	福	47	-	5	7	8	20	FDDD	O
115	しろくまちゃんのほっとけーき	わかやま	=	-	こぐま社	47	-	4	3	13	20	FEEB	
116	みんなうんち	五味	=	-	福	56	-	-	7	13	20	FFDB	
117	もぐらとずぼん	ペチシカ	ミレル	内田	福	42	1	7	3	9	20	ECED	O
118	あまがさ	ヤシマ	=	-	福	38	6	6	2	5	19	DDEE	
119	おにのぼうし	あまん	岩崎	-	ポプラ社	44	-	9	6	4	19	FBDE	L
120	おばけリンゴ	ヤノーシュ	=	やがわ	福	44	-	6	7	6	19	FDDE	
121	くまのコールテンくん	フリーマン	=	松岡	借成社	50	-	1	5	13	19	FEDB	
122	へびのクリクター	ウンゲラー	=	中野	文化	49	-	4	8	7	19	FECD	L
123	ぼくのくれよん	長	=	-	銀河	52	-	-	9	10	19	FFCC	
124	わたし	谷川	長	-	福	51	-	-	10	9	19	FFCD	Ⅲ
125	あいうえおの本	安野	=	-	福	51	-	-	10	5	18	FFCD	ⅡB
126	いっすんぼうし	大川	えんどう	-	ポプラ社	42	3	7	5	3	18	ECDE	O
127	いっすんぼうし	石井	あきの	-	福	40	6	6	1	5	18	DDEE	
128	きつねとねずみ	ビアンキ	山田	内田	福	42	4	8	1	5	18	DCEE	
129	きみなんかだいきらいさ	アンドリー	センダック	こだま	冨山房	50	-	-	6	12	18	FFDC	
130	花さき山	斉藤	滝平	-	岩崎	44	-	8	4	6	18	FCEE	OBL

S＝昭和　　H＝平成
註1　「絵本」としては、多少広く知識絵本や『いやいやえん』等も参考リストに従って対象とした。
　　年齢範囲としては小学校3年程度までを含めている。
　2　「備考」の　O「子どもの好きな絵本」にあるもの(『人文論集』17号、但し1983年時集計による)
　　　　　　　B 1981(昭和56)年ベストセラー(『児童文学マニュアル1982』借成社)
　　　　　　　L　　同上　　ロングセラー(同上)
　　　　　　　Ⅰ・Ⅱ・Ⅲ・Ⅳ・Ⅴは、本「総合良書リスト」中で、ほぼ五等分してランクづけしたもの。
　　　　　　　(ここでは124のⅢまで)
　3　「推薦数の動き」のA・B・C・D・Eは、リスト化した絵本を、ほぼ五等分してリスト中の位置
　　をある程度明らかにした記号で、「A」が最も高い。なお「F」は、リスト化した時点で未発行
　　だったものである。
(「出版社」の略号について　福＝福音館　岩波＝岩波書店　岩崎＝岩崎書店　文研＝文研出版
　ほるぷ＝ほるぷ出版　文化＝文化出版局　小峰＝小峰書店　すばる＝すばる書房　　　　　　)
(故 吉岡剛 佛教大学教授作成による)

あとがき

　現在、子どもを取り巻く環境はずいぶん変化し、本来、乳幼児期に得なければならない経験が得にくくなっている状況であることは周知のことと思います。
　生活様式の変化は勿論のこと、ことばの変化にも驚くべきものがあります。
　かつて若者ことばといわれるものに、抑揚のなさ、語尾上げ、「ら」抜きことばが代表とされていました。そのほかにも、あいさつができない、敬語が使えない、「はい」が言えない、対話が少ない……さまざまな変化を指摘することができます。
　『万葉集』では、日本は「言霊の幸ふ国」と記されています。つまり、ことばに宿る不思議な霊威によって幸せをもたらす国であると記されているのです。それは、祈りとかねがいといった意味にも通じるものだと思います。
　幼稚園や保育所、あるいは家庭で本当に祈りやねがいのあることばを幼児に投げかけてきたのだろうかと思うことがよくあります。
　幼児のことばの経験には、「聞く」「話す」「読む」「書く」の４つが考えられますが、「聞く」「話す」経験は、「読む」「書く」経験に比べてその成果が分かりにくく、おろそかになりがちです。
　豊かなことばは、ことばを使う場がなければ保証されません。幼児が見たり聞いたり、話しかけたりすることによって、はじめてことばが発達するのであって、豊かな言語生活を送っていくことが、幼稚園や保育所の保育者、家庭の両親をはじめとする大人の使命であると思います。
　目に見える成長ではない「聞く」「話す」経験が、その後の言語生活、ひいては人間形成に大きな影響を与えるということを知っていただき、本書が活用されれば幸甚です。
　本書の出版につきまして、宮帯出版社の宮下玄覇社長、竹内孝治顧問のお力添えをうれしく思います。
　ありがとうございました。

合　掌

　　2007年 寒蟬鳴

著　者

〔著者紹介〕

髙橋 司（たかはし つかさ）

1949（昭和24）年、京都市生まれ。
佛教大学教育学部教授。龍谷大学短期大学部講師・大谷大学講師・
兵庫大学講師・京都府医師会看護専門学校講師。
児童芸術研究所主宰・京都児童文化協会会長、パネルシアター委員会
委員長など、幼児教育、児童文化活動に従事。
1989（平成元）年、第6回持田賞受賞。

〔主 著〕

『パネルシアター保育・実践講座』（大東出版社・1996年）
『保育方法論』（編著・佛教大学通信教育部・1998年）
『年中行事なるほどBOOK』（共著・ひかりのくに・2003年）
『子どもに教える 今日はどんな日？』（PHP研究所・2006年）
『食で知ろう季節の行事』（長崎出版・2008年）
『児童文化と保育 こころ豊かな文化を育むために』（編著・宮帯出版社・2008年）
『子ども文化』（わかば社・2014年）
他 多数

〔新装改訂版〕
乳幼児のことばの世界
聞くこと・話すことを育む知恵

2014年 5月12日 第1刷発行

著　者　髙橋　司
発行者　宮下玄覇
発行所　株式会社 宮帯出版社
　　　　京都本社 〒602-8488
　　　　京都市上京区寺之内通下ル真倉町739-1
　　　　営業 (075)441-7747　編集 (075)441-7722
　　　　東京支社 〒102-0083
　　　　東京都千代田区麹町6-2 麹町6丁目ビル2階
　　　　電話 (03)3265-5999
　　　　http://www.miyaobi.com/publishing/
　　　　振替口座 00960-7-279886
印刷所　モリモト印刷株式会社

定価はカバーに表示してあります。落丁・乱丁本はお取り替えいたします。
本書のコピー、スキャン、デジタル化等の無断複製は著作権法上での例外を
除き禁じられています。本書を代行業者等の第三者に依頼してスキャンや
デジタル化することは、たとえ個人や家庭内の利用でも著作権法違反です。

Ⓒ Takahashi Tsukasa 2014 Printed in Japan　ISBN978-4-86366-915-4 C3037
日本音楽著作権協会(出)許諾 第0709604-701